Modernização urbana na *belle époque* paulista

FUNDAÇÃO EDITORA DA UNESP

Presidente do Conselho Curador
José Carlos Souza Trindade

Diretor-Presidente
José Castilho Marques Neto

Editor Executivo
Jézio Hernani Bomfim Gutierre

Conselho Editorial Acadêmico
Alberto Ikeda
Alfredo Pereira Junior
Antonio Carlos Carrera de Souza
Elizabeth Berwerth Stucchi
Kester Carrara
Lourdes A. M. dos Santos Pinto
Maria Heloísa Martins Dias
Paulo José Brando Santilli
Ruben Aldrovandi
Tania Regina de Luca

Editora Assistente
Denise Katchuian Dognini

FRANSÉRGIO FOLLIS

MODERNIZAÇÃO URBANA NA *BELLE ÉPOQUE* PAULISTA

© 2003 Editora UNESP

Direitos de publicação reservados à:
Fundação Editora da UNESP (FEU)
Praça da Sé, 108
01001-900 – São Paulo – SP
Tel.: (0xx11) 3242-7171
Fax: (0xx11) 3242-7172
www.editoraunesp.com.br
feu@editora.unesp.br

CIP – Brasil. Catalogação na fonte
Sindicato Nacional dos Editores de Livros, RJ

F728m

Follis, Fransérgio, 1971-
 Modernização urbana na *Belle Époque* paulista/Fransérgio Follis. – São Paulo: Editora UNESP, 2004.

 Inclui bibliografia.
 ISBN 85-7139-50-3

 1. Renovação urbana – Franca (SP) – História – Século XIX. 2. Planejamento urbano – Franca (SP) – História – Século XIX. 3. Elites (Ciências sociais) – Franca (SP) – História – |Século XIX. 4. Franca (SP) – Condições sociais – Século XIX. 5. São Paulo (Estado) – História – Século XIX. I. Título.

04-1512
CDD 711.40981612
CDU 711.4(815.62)

Este livro é publicado pelo projeto *Edição de Textos de Docentes e Pós-Graduados da UNESP* – Pró-Reitoria de Pós-Graduação e Pesquisa da UNESP (PROPP) / Fundação Editora da UNESP (FEU)

Editora afiliada:

Para minha mãe Maria Nair.

Nós, os brasileiros, desde há algum tempo temos cultivado paixão pelo moderno e uma persistente adesão à ideologia do progresso.

Luiz Werneck Vianna

Hoje tudo mudou. Se a natureza não dá saltos, o homem, quando bem orientado, os dá na concepção e execução das suas obras. Da ruinaria dos pardieiros arrasados pela picareta do progresso, brotam, como tocados pela varinha magica de uma fada protectora, bellos palacetes que attestam o gosto esculptural dos francanos. A cidade se transformou e se transforma dia a dia, vestindo-se de uma roupagem cada vez mais bella. É que mãos sabias e vigorosas guiam os seus destinos, collocando acima de tudo o embellezamento local, animando a iniciativa particular, chamando sobre nós a attenção dos poderes do Estado, zelando pela hygiene e saude publica, e tornando reaes as obras publicas...

Jornal Comércio da Franca, 11.12.1920

AGRADECIMENTOS

Assim como os grandes personagens entram para a história da humanidade, as pessoas de que gostamos entram para a história de nossa vida. Dessas, a gente nunca se esquece, pois marcam os momentos mais felizes.

Fransérgio Follis

Nos 27 meses de trabalho incessante na produção da dissertação de mestrado que deu origem a este livro, foi de grande importância contar com a ajuda, a compreensão e o incentivo de professores, familiares e amigos. O relacionamento com essas pessoas contribuiu para que a difícil tarefa se tornasse menos árdua e mais prazerosa. À Profa. Dra. Hercídia Mara Facuri Coelho minha gratidão pela atenciosa orientação e pela confiança dispensada. Acima de tudo, uma amiga que aprendi a admirar pela competência e sensatez.

Ao companheiro Agnaldo de Sousa Barbosa, amigo de todas as horas, meu agradecimento pelo estímulo constante. Pessoa que me incentivou a enveredar pelo apaixonante caminho da pesquisa histórica e sociológica, principal responsável pela publicação deste livro, já que foi ele quem insistiu para que eu me inscrevesse no concurso do Programa de Edição de Textos de Docentes e Pós-graduados da UNESP.

Às professoras Dra. Dulce Maria Pamplona Guimarães e Dra. Aparecida da Glória Aissar, participantes da banca do exame geral de qualificação, e aos professores Dr. José Evaldo de Mello Doin e Dr. José Antônio Segatto, examinadores da defesa de dissertação, agradeço não só pelos elogios, mas também pelos apontamentos que muito contribuíram para o desenvolvimento deste trabalho e, certamente, para o meu crescimento intelectual.

Um agradecimento especial à amiga Salete Caetano Villela, pessoa que muito me auxiliou na coleta de documentos históricos essenciais ao desenvolvimento da pesquisa. Sem a sua competente colaboração, o aprofundamento empírico deste trabalho não teria sido o mesmo.

Na atividade de pesquisa das fontes contamos ainda com a colaboração dos funcionários, agora também amigos, do Museu Histórico Municipal de Franca e do Arquivo Histórico Municipal de Franca. A eles, agradeço em nome de seus prestativos diretores, respectivamente, Profa. Maria Margarida B. Panssani e Dr. José Chiachiri Filho.

Agradeço ao amigo Érico Augusto Archeti e aos colegas da faculdade que, direta ou indiretamente, também deram a sua contribuição: Alexandre Marques Mendes, Samuel F. de Souza, Wilmar Antônio de Oliveira, Júlio C. Bentivoglio, Paulo Teixeira, Ronaldo Aurélio Gimenes Garcia, Antônio Marcos, Renata de Cássia Nunes, Ana Maria Vieira Mariano, Eliana Freitas do Nascimento e Márcia Pereira dos Santos.

Meus agradecimentos também a Ana Rita Gallo, pelas sugestões que contribuíram para o aprimoramento das considerações finais deste livro. Ao colega Daniel Saturno Gomes, funcionário do Museu Histórico de Franca, pela colaboração no trabalho com as fotos que ilustram este livro. À sempre atenciosa Joana Monteleone, pelas valiosas sugestões que contribuíram para o aperfeiçoamento deste trabalho.

Por fim, meu agradecimento à Capes, agência que financiou a pesquisa de mestrado que culminou neste livro, e à Editora UNESP, pela oportunidade de torná-lo público.

Sumário

Prefácio 13

Apresentação 15

1 A modernização urbana: um projeto importado 21

2 A racionalização do espaço urbano 47

3 A higienização da cidade: o medo das epidemias 63

4 O embelezamento da cidade 83

5 A implantação dos serviços urbanos modernos
e a exclusão social na cidade 115

Considerações finais 137

Fontes e bibliografia 143

Índice remissivo 149

Prefácio

Quase quatro anos depois de defendido como dissertação de mestrado na UNESP, Câmpus de Franca, o trabalho de Fransérgio Follis a respeito do processo de modernização da cidade de Franca, ocorrido entre a última década do século XIX e os quarenta primeiros anos do século passado, ganha a possibilidade de uma difusão maior com esta publicação pela Editora UNESP. Apesar do tempo decorrido desde sua elaboração, o texto mantém seu frescor e atualidade. No formato de livro, poderá ser apreciado por um número maior de pessoas e demonstrar a excelência da pesquisa desenvolvida na UNESP/Franca e a riqueza de possibilidades interpretativas que a história local/regional oferece. A história das cidades pode muito bem referendar a assertiva de que o processo histórico das diversas regiões brasileiras, longe de oferecer um quadro homogêneo, compõe-se de histórias semelhantes, mas com profundas particularidades. É conveniente que essa perspectiva seja levada em conta quando se projetam políticas públicas de alcance nacional.

O culto ao moderno e a adesão ao progresso, persistentes na sociedade brasileira, como aponta Fransérgio Follis, utilizando as palavras de Werneck Vianna, aparecem neste livro. Corajoso ao enfrentar a tarefa de encontrar o moderno, o novo e o belo em uma cidade do interior paulista no meio século entre 1890 e 1940, o autor logrou relacionar o processo de modernização com a ação do Poder Público e a conseqüente exclusão de alguns moradores do centro de Franca, região da cidade priorizada na instalação de equipamentos urbanos e, a partir daí, ocupada pela elite da cidade. Ao evitar a relação mecânica entre os interesses capitalistas e as transformações urbanas, utilizou os pressupostos de Haussmann – higienização, embelezamento e racionalização – para compreender as intervenções feitas no espaço citadino como expressões da mentalidade e das necessidades da época.

Conhecedor das abordagens historiográficas existentes sobre outras cidades, Follis relaciona, com propriedade, o que houve de inovador e de cópia na modernização de Franca, cidade distante dos grandes centros urbanos do Brasil da época. Como destaca o autor, trata-se de um processo de modernização urbana desvinculado de um projeto inicial elaborado para a cidade como um todo, como era comum para as capitais e grandes cidades. Da mesma forma, permite perceber que a viabilização econômica da reforma deu-se a partir do aumento de impostos e da aliança do Poder Público com o capital privado na forma de empréstimos e de participação em obras consideradas essenciais para a configuração da moderna paisagem urbana. Casos paradigmáticos de reforma urbana são confrontados às especificidades locais e permitem ampliar a compreensão acerca da trajetória percorrida pelas cidades brasileiras.

Este trabalho revela o quanto o autor foi cuidadoso em não construir uma interpretação da modernização de Franca como um caso excepcional que pudesse ser tomado como emblemático para a revisão de toda a modernização brasileira. Não fazem parte deste texto nem a ansiedade nem a arrogância de querer constituir retórica ou, formalmente, uma referência sem sustentação.

O leitor terá, com este livro, o exemplo de uma obra acadêmica bem-formulada e vigorosa que atende, de maneira agradável, às expectativas de conhecimento da realidade vivida pelas cidades brasileiras distantes dos centros hegemônicos. Essa é, no meu entendimento, a maior contribuição que a história local/regional pode fornecer.

Hercídia Mara Facuri Coelho

APRESENTAÇÃO

Levamos a procurar as causas da civilização para
reverenciá-las como se fossem deuses ... Engra-
çado! É como se a civilização tivesse sido boa e
nos tivesse dado a felicidade!

Lima Barreto

A *Belle Époque* se caracteriza pela expressão do grande entusiasmo advindo do triunfo da sociedade capitalista nas últimas décadas
do século XIX e primeiras do século XX, momento em que se notabi-
lizaram as conquistas materiais e tecnológicas, ampliaram-se as redes de comercialização e foram incorporadas à dinâmica da economia internacional vastas áreas do globo antes isoladas. Época marcada pela crença de que o progresso material possibilitaria equacio-
nar tecnicamente todos os problemas da humanidade.

Nesse contexto, as cidades assumiram redobrado valor como *lo-
cus* da atividade civilizatória, espaço privilegiado para usufruir o
conforto material e contemplar as inovações introduzidas pela modernidade. Para isso, as cidades precisavam renovar suas feições de
modo a se mostrarem modernas, progressistas e civilizadas. As cidades modernizadas constituíram então a maior expressão do progresso material e civilizatório de um período que se convencionou
chamar de *Belle Époque*.

16 FRANSÉRGIO FOLLIS

A modernização urbanística tem como marco inaugural a grande reforma urbana implementada na cidade de Paris pelo barão Georges Eugène Haussmann, entre 1853 e 1869. A partir desse momento, Paris tornou-se um modelo urbano para muitas cidades de várias regiões do mundo. Na América Latina, pelo menos até meados do século XX, mesmo após o surgimento de outros recursos e modelos de planejamento urbanísticos, o exemplo de Haussmann seguiu predominando sobre todas as novas concepções como ideal insubstituível (Romero, 1976, p.282-3). No Brasil, o primeiro grande exemplo de reforma urbanística surgiu na cidade do Rio de Janeiro, entre 1902 e 1906, quando o então prefeito Pereira Passos pôs em prática um plano geral de modernização urbana. Depois do Rio, vários centros urbanos de crescimento emergente, como São Paulo, Manaus, Belém, Curitiba, Porto Alegre e outros, passaram a adotar planos urbanísticos em sua modernização.

Assim, os poucos estudos existentes a respeito da modernização urbanística no Brasil têm concentrado suas análises sobre os planos de reforma urbana implementados nos grandes centros, procedimento que provoca limites à compreensão de tal processo, uma vez que nem todas as cidades que atingiram um nível considerável de modernização sofreram a intervenção de planos gerais de remodelação elaborados por reconhecidos profissionais do urbanismo moderno. Mesmo antes das grandes reformas, as capitais brasileiras já vinham sofrendo transformações modernizadoras. Nesse sentido, essas intervenções planejadas e financiadas pelo governo estadual ou federal apenas aceleraram o ritmo de um processo modernizador já em curso.

Ao restringir o estudo sobre a "história das cidades" aos grandes centros, a historiografia tradicional acabou entrando no campo perigoso das generalizações, classificadas por Vera Alice Silva (1990, p.47) como "generalização teórica" que, conforme salienta essa autora, se baseia na "indução incompleta", procedimento pelo qual a conceitualização é feita em consideração de um ou poucos casos tomados como paradigmas. O problema é que essa generalização pode tornar-se inadequada ou insuficiente para explicar como se processou a transformação das pequenas e médias cidades do interior do país, que não vivenciaram as mesmas potencialidades de cidades como Rio de Janeiro, capital nacional no período, e São Paulo, capital do Estado mais rico da federação. Inscrita em realidades históricas diversas, a modernização urbana apresenta diferenças importantes, pois uma cidade não se submete a um modelo sem modificá-lo.

A presente obra, fruto de uma dissertação de mestrado em História defendida em 1999 junto ao Programa de Pós-Graduação da UNESP de Franca, procura vislumbrar, por meio da investigação da atuação do Poder Público municipal, como se processou a modernização urbana de Franca, cidade localizada no nordeste do Estado de São Paulo que, em fins do século XIX, iniciou um processo de transformação caracterizado pela substituição de uma paisagem ainda colonial por uma feição tipicamente moderna.

Nesse sentido, o livro analisa de que maneira os pressupostos ideológicos norteadores da modernização urbanística, como a higienização, o embelezamento e a racionalização do espaço urbano, foram apropriados e utilizados pela elite dominante francana de forma a justificar as intervenções no tecido urbano da cidade entre os anos de 1890 e 1940. Outro aspecto analisado é o impacto social dessa modernização urbanística na vida da população local. Busca-se, dessa maneira, responder às seguintes questões: Em torno de quais interesses se dava a ação do Poder Público municipal? Quais áreas da cidade e setores da sociedade foram beneficiados pelos melhoramentos urbanos? Para as camadas mais pobres, a modernização significou mudança ou continuação de uma exclusão já existente? Enfim, que tipo de cidade tornaram realidade?

A escolha de 1890 para o início do estudo não ocorreu de maneira aleatória. Foi a partir desse ano que o núcleo urbano de Franca passou a se expandir rapidamente, e o Poder Público municipal começou a agir de maneira mais incisiva no espaço citadino objetivando dotá-lo de uma paisagem comparável aos mais modernos centros urbanos brasileiros. Nesse ano, entrou em vigor um novo código de posturas estabelecendo normas mais rígidas para a cidade. O perío-

18 FRANSÉRGIO FOLLIS

do aqui estudado, compreendido entre a última década do século XIX e o final dos anos 30 do século XX, é entendido como uma época em que a cidade, apoiada quase que exclusivamente numa economia agrária – sobretudo na produção de café –, passa por um processo de modernização urbanística que se caracterizou pela implantação de melhoramentos urbanos especialmente no Centro, escolhido pelo Poder Público local para representar uma Franca moderna.

A partir dos anos 1940, o crescimento da classe operária e a conseqüente expansão das áreas suburbanas da cidade, resultado sobretudo do desenvolvimento da indústria calçadista local, impeliram a municipalidade a destinar mais verbas públicas para a execução de melhoramentos nos "bairros operários" que se encontravam quase que totalmente desprovidos de infra-estrutura básica. Portanto, a década de 1940 marca o início de um novo período na história da modernização e urbanização de Franca, pois, a partir desse momento, o desejo de embelezar, higienizar e equipar a região central da cidade passou a conviver, de forma mais intensa, com a necessidade de atender a algumas reivindicações da classe operária francana, que emergiu, nesse período, como importante agente social, dando ensejo às práticas populistas de governo.

Ao analisar as transformações ocorridas no universo político-social brasileiro nesse período, Weffort (1980, p.17) salienta que "a simples circunstância de que político algum pode esquivar-se totalmente às expectativas populares desvia de maneira radical daquele regime do Estado oligárquico anterior aos anos 30". Nesse sentido, Barbosa (1998, p.26) observou que, em Franca,

> o discurso político passou, na década de 1940, a se dirigir de maneira mais incisiva à classe operária como forma de contemplar os interesses do conjunto da população. A referência à realização de melhoramentos nos "bairros operários", bem como a construção de moradias populares para os trabalhadores fabris é ponto de convergência nos programas de quase todos os partidos políticos locais do período.

A produção historiográfica sobre Franca tem se limitado a analisar a modernização urbanística da cidade por meio das mudanças operadas na arquitetura das edificações que compunham a malha urbana do centro da urbe. Além disso, esses estudos têm adotado um enfoque que vê as transformações no espaço urbano como simples decorrência de fatores econômicos, aspecto que, sozinho, não dá conta de explicar o fenômeno. Nesse sentido, a nosso ver, afirmar que a transformação urbanística das cidades paulistas na virada do século XIX para o século XX foi conseqüência do desenvolvimento econômico promovido pela cafeicultura é dizer tudo e, ao mesmo tempo, não dizer nada. Entendemos que os fenômenos e os processos urbanísticos não podem ser compreendidos somente como decorrência de transformações infra-estruturais, mas também subordinados à mentalidade e às necessidades da época.

Não existe, portanto, um estudo sistemático a respeito da modernização da cidade de Franca no período compreendido entre o final do século XIX e as quatro primeiras décadas do século XX. O tema foi abordado apenas superficialmente em alguns trabalhos que não se preocuparam em analisar as conseqüências das transformações urbanísticas na vida da população local e a influência que a adoção de pressupostos ideológicos, como a higienização, o embelezamento e a racionalização, teve sobre esse processo.

1
A MODERNIZAÇÃO URBANA: UM PROJETO IMPORTADO

A Paris de Haussmann: um modelo para o mundo

No século XIX, o triunfo da economia capitalista industrial na Europa acelerou de maneira impressionante o processo de urbanização do continente. Para se ter uma idéia, em 1851, Londres já tinha 2,5 milhões de habitantes e Paris, um milhão, passando respectivamente para 3,9 milhões e 1,9 milhão em 1881. Em 1849, Berlim era habitada por 378 mil pessoas que, em 1875, já eram quase um milhão. De quatrocentos mil habitantes em 1846, Viena passou para setecentos mil em 1880 (Hobsbawm, 1996, p.295). Nos primeiros trinta anos do século, a população de Manchester triplicou (Pechman & Fritsch, 1985, p.141).

O rápido crescimento da população dos centros urbanos mais prósperos provocou o superpovoamento dos antigos bairros medievais e dos novos bairros operários que foram surgindo desordenadamente em meio às fábricas que se instalavam na periferia das cidades. A grande aglomeração de construções nessas áreas, além de dificultar a circulação de ar e penetração da luz solar, tornava quase impossível um escoamento satisfatório dos detritos que corriam a céu aberto por entre ruas e vielas imundas, malcalçadas ou sem calçamento. O resultado disso foi a formação de um quadro caótico,

22 FRANSÉRGIO FOLLIS

marcado sobretudo pela insalubridade e por sua mais temível conseqüência: as epidemias consumidoras de vidas. A descrição de Manchester feita por Engels em 1845, com base em estudos efetuados nos decênios anteriores, ilustra bem a deplorável situação das grandes cidades européias no século XIX:

as ruas, mesmo as melhores, são estreitas e tortuosas, as casas são imundas, velhas, a cair, e o aspecto das ruas laterais é absolutamente horrível ... Aqui encontramo-nos realmente num bairro quase manifestamente operário, visto que nem as lojas nem as tabernas se dão ao trabalho de mostrarem um pouco de asseio. Mas isto ainda não é nada comparado com as vielas e os pátios que se estendem por detrás, e aos quais apenas se chega por meio de estreitas passagens cobertas através das quais não passam nem duas pessoas ao lado uma da outra.

É difícil imaginar a mistura desordenada das casas, escarnecendo de qualquer urbanística racional, o seu apinhamento, de tal ordem que se encontram literalmente em cima umas das outras. E a culpa não é somente imputável aos edifícios sobreviventes dos velhos tempos de Manchester: em tempos mais recentes a confusão foi levada ao máximo, pois onde quer que houvesse um bocadinho de espaço entre as construções da época precedente continuou a construir e a remendar, até arrebatar entre as casas a última unha de terreno livre susceptível de ser utilizado.

Ao longo do rio estão ainda intercaladas fábricas: também aqui as construções são portanto apertadas e desordenadas, tal como na parte inferior de Long Millgate. À direita e à esquerda, uma quantidade de passagens cobertas conduzem da rua principal aos numerosos pátios, entrando nos quais se depara com uma revoltante imundície que não tem igual, particularmente nos pátios virados ao Irk, que contêm as mais horrendas habitações que eu alguma vez vira.

O primeiro pátio ... durante a cólera encontrava-se em condições tais que a polícia sanitária teve de o desimpedir, limpar e desinfectar com cloro. (apud Benevolo, 1987, p.36-8)

Apesar de algumas enfermidades que grassavam na Europa, como o tifo e a tuberculose, agredirem apenas a classe operária debilitada pela desnutrição e pelas más condições de trabalho e moradia, outras, como cólera, não escolhiam suas vítimas, atacavam também

MODERNIZAÇÃO URBANA NA *BELLE ÉPOQUE* PAULISTA 23

as classes sociais mais abastadas, espalhando a morte e o desespero por toda a extensão do território urbano, fato que colocava em crise toda a cidade: "Entre 1831 e 1844, o coeficiente de mortalidade para cada mil habitantes se eleva, em Birmingham, de 14,6 para 17,2; em Bristol, de 16,9 para 31; em Liverpool, de 21 para 34,8; e em Manchester, de 30,2 para 33,8" (Pechman & Fritsch, 1985, p.142).

O ataque periódico das epidemias às mais prósperas cidades européias – entre as quais se destacavam as capitais nacionais como Londres, Paris, Berlim e Viena –, além de pôr em risco a economia desses centros urbanos e, por extensão, o desenvolvimento econômico do próprio país, colocava em dúvida alguns dos mais importantes pressupostos ideológicos burgueses que davam suporte ao capitalismo industrial: a razão, a ciência e o progresso.

Em razão disso, a insalubridade se constituiu no principal problema urbano a ser enfrentado pelo Poder Público na Europa no transcorrer do século XIX, período em que a situação de fato se agravou. Com isso, a higienização tornou-se o mais eficaz elemento ideológico capaz de motivar e justificar as reformas modernizadoras que transformariam a paisagem urbana de várias cidades em todo o mundo.

A descoberta, no entanto, de que as causas das precárias condições sanitárias estavam inseparavelmente ligadas ao espaço construído fez que as futuras leis sanitárias passassem a se desenvolver no sentido de uma legislação urbanística geral que, ao tratar a questão da higienização da cidade, abarcasse também outras necessidades da época, como o embelezamento e a racionalização do espaço urbano. Nas palavras de Pechman & Fritsch (1985, p.142):

> A descoberta de que a insalubridade estava por detrás da crise que se desenhava nas cidades em franco processo de crescimento iria levar à fundação da urbanística moderna. A higienização das cidades demandava a adoção de medidas tão amplas em seu tecido urbanístico que, no fim e ao cabo, saneá-las acabava por significar reformá-las em toda a sua amplitude. Livrar as cidades do fantasma das doenças era empresa que transcendia a competência do médico sanitarista. Tratava-se, em verdade, de replanejar as cidades, de escorá-las em novos fundamentos, de submetê-las a novas formas de organização.

24 FRANSÉRGIO FOLLIS

Baseados nesses três ideais modernizadores – higienização, embelezamento e racionalização – e, em alguns casos, na necessidade de evitar ou reprimir possíveis revoltas das classes pobres, identificadas como classes perigosas,[1] os administradores europeus passaram a intervir de maneira mais efetiva no espaço urbano com o objetivo de transformar a velha urbe antiquada, herdada do período medieval, em uma cidade civilizada, dotada dos novos atributos que a modernidade passara a exigir. A partir de meados do século XIX, esse processo de modernização urbana, que já vinha sendo implementado de forma gradual em várias cidades da Europa desde as primeiras décadas do século, sofreu uma drástica aceleração nas cidades onde o Poder Público, defendendo, aparentemente, critérios unicamente técnicos e científicos, viabilizou as grandes reformas urbanísticas:

> os "grands travaux" de Haussmann em Paris (1853-1869) e de Anspach em Bruxelas (1867-1871), a criação do Ring de Viena (1856), a ampliação de Barcelona (1859), a ampliação de Florença (1864-1877), as transformações e obras de saneamento da Grande Londres, onde entre 1848 e 1865 Joseph Bazalgette introduz o novo sistema de colectores ao longo do Tamisa, o Victoria e o Albert Embankment, enquanto em 1863 se começa a construir a rede ferroviária metropolitana. (Benevolo, 1987, p.113)

Interessa-nos aqui, entretanto, a análise da reforma urbana realizada em Paris pelo barão Georges Eugène Haussmann entre 1853 e 1869. Nessa cidade, realizou-se o projeto que viria a se tornar o modelo urbano para muitas cidades de vários lugares do mundo. Conforme salienta Berman (1990, p.147):

> Por volta de 1880, os padrões de Haussmann foram universalmente aclamados como verdadeiro modelo do urbanismo moderno. Como tal,

---

1 "Para os planejadores de cidades, os pobres eram uma ameaça pública, suas concentrações potencialmente capazes de se desenvolver em distúrbios deveriam ser cortadas por avenidas e bulevares, que levariam os pobres dos bairros populosos a procurar habitações em lugares não especificados, mas presumidamente mais sanitarizados e certamente menos perigosos" (Hobsbawm, 1996, p.295).

MODERNIZAÇÃO URBANA NA *BELLE ÉPOQUE* PAULISTA 25

logo passou a ser reproduzido em cidades de crescimento emergente, em todas as partes do mundo, de Santiago a Saigon.

Apoiado pelo imperador Luís Napoleão e norteado pelos ideais de higienização, embelezamento e racionalização do espaço urbano, o barão de Haussmann transformaria a velha Paris de estrutura ainda medieval numa cidade propriamente moderna, admirada e invejada em todo o mundo. Para isso, realizaria três programas integrados de demolição e construção. Assim, a antiga cidade foi demolida, e uma nova construída, mais "moderna e funcional", que, na realidade, acabou excluindo as populações mais pobres das ações urbanas modernizantes, empurrando-as para os subúrbios desestruturados, pobres e insalubres (Moraes, 1994, p.18).

A racionalização do espaço urbano se deu por meio da abertura de um conjunto de ruas largas e de uma vasta rede de bulevares articulados, montando um plano de circulação preciso e bem-orquestrado. Esse sistema viário descongestionaria o trânsito de Paris ao permitir uma ligação rápida entre os subúrbios e o centro e entre os próprios subúrbios, que passariam então a se comunicar sem a necessária passagem pelo centro da urbe. Aos olhos da burguesia parisiense, essa mudança era de suma importância, uma vez que as antigas ruas estreitas e sinuosas da cidade medieval não se adaptavam mais, nem em tamanho nem em articulação, ao intenso tráfego da cidade, constituindo agora um empecilho ao fluxo rápido e constante de homens, mercadorias e transporte, requerido pela economia capitalista que se desenvolvia em pleno vapor na capital francesa.

Outro fator revelador da importância desse descongestionamento viário para Bonaparte e Haussmann refere-se à segurança pública, pois, nesse período, as certezas da burguesia ainda eram ameaçadas pelo medo da revolução social (Hobsbawm, 1996). Nesse sentido, um cenário urbano constituído de ruas estreitas e irregulares, escuras, malpavimentadas, repletas de pedras soltas e de esconderijos e propícias à construção de barricadas favorecia os revoltosos em sua ação contra a repressão da força pública na mesma medida em que dificultava uma movimentação eficaz por parte do Exército.

26 FRANSÉRGIO FOLLIS

Assim, a abertura de extensas e largas ruas e avenidas sobre as ruínas dos velhos bairros centrais habitados pelas classes pobres, tidas como classes perigosas, além de inverter a situação, eliminaria da região central de Paris focos revolucionários potenciais. Dessa forma, como bem observou Needell (1993, p.73): "Haussmann incluíra planos de natureza contra-revolucionária em seus projetos de eficiência, saúde e beleza – atacando os bastiões da revolta da classe trabalhadora".

A nova Paris também foi concebida para expressar uma paisagem que impressionasse por sua beleza. Tal aspecto foi sintetizado por Berman (1990, p.147) da seguinte forma:

As calçadas de Haussmann, como os próprios bulevares, eram extravagantemente amplas, juncadas de bancos e luxuosamente arborizadas. Ilhas para pedestres foram instaladas para tornar mais fácil a travessia, separar o tráfego local do tráfego de longa distância e abrir vias alternativas para as caminhadas. Grandes e majestosas perspectivas foram desenhadas, com monumentos erigidos no extremo dos bulevares, de modo que cada passeio conduzisse a um clímax dramático. Todas essas características ajudaram a transformar Paris em um espetáculo particularmente sedutor, uma festa para os olhos e para os sentidos.

Ao eliminar um grande número de miseráveis habitações populares – tidas como insalubres e vistas como focos de epidemias – e permitir que a circulação de ar e a penetração de luz solar fossem substancialmente melhoradas, a construção dessa nova malha urbana de amplas vias, juntamente com a nova rede de esgotos e várias obrigações relativas à higiene impostas ao setor privado, revelava também o objetivo higienizador da reforma.

Assim, foi dado ao mundo o primeiro grande exemplo de como refazer uma cidade antiga de modo a torná-la moderna e civilizada, ou seja, prática, higiênica e bonita. Com isso, a reforma de Paris (não nos esqueçamos também dos melhoramentos modernizadores de Londres e Nova York) tornou-se referência para inúmeras cidades do mundo, inclusive para vários centros urbanos brasileiros.

Rio de Janeiro e São Paulo: os grandes exemplos brasileiros

No Brasil, pelo menos até as últimas décadas do século XIX, apesar das transformações ocorridas na segunda metade do século – instalação de ferrovias, transição do trabalho escravo para o livre, imigração, crescimento relativo do mercado interno, início da industrialização e desenvolvimento do sistema de crédito –, não se alteraram profundamente os padrões tradicionais de urbanização que se definiram no período colonial quando, com exceção dos principais portos exportadores, os núcleos urbanos tiveram escassa importância vivendo na órbita dos potentados rurais (Costa, 1994). As cidades permaneceram então com suas funções urbanas limitadas e pouco se transformaram.

Em razão disso, embora a elite brasileira admirasse as modernas cidades européias, especialmente a Paris de Haussmann, a modernização urbana era vista como uma conquista específica da Europa ou, no máximo, uma possibilidade remota para as principais cidades do país. Assim, não obstante a realização de alguns poucos investimentos em infra-estrutura em algumas capitais estaduais, os centros urbanos brasileiros permaneceram sem nenhum melhoramento urbano de grande expressão.

Entre as últimas décadas do século XIX e as primeiras do XX, no entanto, o crescimento da urbanização e a ampliação das funções urbanas e da influência da cultura européia – especialmente da francesa –, em razão da consolidação da ordem neocolonial, provocariam uma grande transformação em várias cidades brasileiras, sobretudo naquelas de crescimento emergente: a capital federal, as mais importantes capitais estaduais e cidades portuárias, e os centros urbanos do Oeste Paulista[2] que concentraram e orientaram sua economia para a produção de café, principal produto brasileiro de exportação na época.

---

2 Chamada de Oeste, essa região corresponde na verdade ao Nordeste do Estado de São Paulo.

28 FRANSÉRGIO FOLLIS

Nesse período, o desejo dos administradores públicos de transformar o meio físico dessas cidades de modo a torná-lo civilizado e moderno passou a ser mais possível e premente. Contribuiu para isso o processo de transferência da residência dos fazendeiros do campo para a cidade, pois:

> À medida que os fazendeiros mudaram-se para os grandes centros, cresceu a tendência em promover melhoramentos urbanos. Aumentou o interesse pelas diversões públicas, a construção de hotéis, jardins e passeios públicos, teatros e cafés. Melhorou o sistema de calçamento, iluminação e abastecimento de água. Aperfeiçoaram-se os transportes urbanos. O comércio urbano ganhou novas dimensões, bem como o artesanato e a manufatura. (Costa, 1994, p.215)

Para Holanda (1995), a partir de 1888 estava, portanto, preparado o terreno para um novo sistema, com seu centro de gravidade não mais nos domínios rurais, mas nos centros urbanos.

No Rio de Janeiro, por exemplo, o interesse em modernizar a cidade – depois de uma tentativa frustrada na década de 1870 (Needell, 1993) – desembocaria em uma grande reforma urbanística promovida e financiada, na sua maior parte, pelo governo federal entre 1903 e 1906 (Franco, 1973), uma vez que a arcaica estrutura urbana da cidade era considerada um problema nacional.

Capital federal e principal porta de entrada do país – abrigava o mais importante porto brasileiro –, a cidade do Rio de Janeiro era vista como vitrina das virtudes nacionais. Contudo, problemas como a insalubridade e sua íntima relação com a ocorrência das temíveis epidemias; deficiência funcional de uma malha urbana ainda colonial – composta de ruas estreitas e tortuosas e com declives acentuados, e de um porto antiquado – não mais compatível com o intenso movimento comercial da cidade; insuficientes serviços urbanos como água encanada, rede de esgoto, calçamento e iluminação; e presença de uma paisagem colonial tida como antiestética e de costumes tradicionais vistos como "bárbaros" e "incultos" pela elite carioca, afetavam a imagem de uma cidade e, por extensão, de um país que sonhavam com a civilização e o progresso *à la européenne*. A

MODERNIZAÇÃO URBANA NA *BELLE ÉPOQUE* PAULISTA 29

presença da febre amarela, por exemplo, enfermidade que atacava e matava sobretudo os imigrantes, daria ao Rio de Janeiro a fama internacional de "túmulo de estrangeiros", num momento em que o governo se esforçava em atrair o comércio, os investidores estrangeiros e, acima de tudo, a mão-de-obra imigrante para substituir o trabalho escravo abolido em 1888. Segundo Pechman & Fritsch (1985, p.152):

> À medida, porém, que o temor da cidade se tornou inadministrável, associou-se a idéia de que a economia nacional se estagnaria caso a infra-estrutura do Distrito Federal deixasse de sofrer sensíveis melhoramentos, a palavra de ordem em favor da reforma da Capital passou a ganhar irrestrito apoio das elites existentes.

Tudo isso levaria o novo presidente da República, empossado em novembro de 1902, o paulista Rodrigues Alves, a transformar a modernização urbanística do Rio de Janeiro em bandeira do seu governo. Para pôr em prática essa tarefa, Rodrigues Alves nomeou o engenheiro Pereira Passos prefeito da cidade, encarregando-o do planejamento global da remodelação do seu espaço urbano, com exceção da reforma do porto e da construção de três avenidas adjacentes (incluindo o grande bulevar formado pela Avenida Central), que ficaram a cargo do Ministério da Indústria, Viação e Obras Públicas. Para combater a peste bubônica, a febre amarela e a varíola, o presidente nomeou o médico sanitarista Oswaldo Cruz para a direção da Saúde Pública, posto federal que se sobrepunha às funções municipais correlatas (Franco, 1973).

A influência da Paris de Haussmann na modernização do Rio de Janeiro é um consenso entre os historiadores que abordaram o assunto. O seu principal planejador, Pereira Passos, havia acompanhado *in loco* parte das reformas que transformara a paisagem de Paris. Ele, assim como seus companheiros que participavam da remodelação do Rio, acreditava na primazia de Haussmann em relação a outros planejadores. Os ideais burgueses que haviam orientado as grandes reformas parisienses – higienização, embelezamento e racionalização da malha urbana – foram adaptados ao Rio. Nas palavras de Needell (1993, p.57-8):

30 FRANSÉRGIO FOLLIS

A ênfase na iluminação e na ventilação, por meio de ruas alargadas e novas vias, foi fundamental em ambas as reformas. A utilização de avenidas para conduzir o tráfego dos limites da cidade até o centro caracterizava os dois planos, assim como a abertura de outras vias, que dirigiam o fluxo para fora do centro.

O impacto também se evidencia em aspectos cosméticos. A escolha do estilo arquitetônico, a ampla perspectiva da Avenida Central, a execução de jardins nas praças, a atenção dedicada ao Campo de Santana e o projeto do filho de Pereira Passos para a versão carioca da Ópera de Paris – todos estes aspectos parisienses foram primordiais para o significado da *belle époque* carioca que emergiu com Rodrigues Alves.

Se as transformações físicas implementadas pelos administradores públicos no espaço urbano do Rio eram, contudo, importantes para atingir a civilização, a condenação de hábitos tradicionais da velha sociedade colonial, tidos como atrasados, também se fazia necessária. Nesse sentido, Pereira Passos proibiu o comércio de leite que fazia vacas leiteiras circularem pelas ruas, a criação de porcos e a manutenção de hortas dentro dos limites urbanos, a perambulação de cães vadios, o descuido com a pintura das fachadas, a livre circulação de mendigos, a exposição de carnes nas portas dos açougues, a realização do entrudo e dos cordões sem autorização no carnaval e, "no limite da loucura modernizadora, proibiu que as pessoas cuspissem e urinassem no chão e que as crianças soltassem pipas" (Moraes, 1994, p.63). Assim, "Pereira Passos não condenava apenas as ruas estreitas e imundas, mas também as fachadas sem pintura, os estilos rurais de consumo e os aspectos bárbaros do Carnaval" (Needell, 1993, p.71).

A nova paisagem do Rio de Janeiro, após a reforma procedida por Pereira Passos no curto espaço de três anos, transformou a cidade numa referência nacional em termos de modernização urbana. Nesse sentido, podemos dizer que o Rio de Passos veio a ser para o Brasil o que a Paris de Haussmann havia se tornado para o mundo: um modelo de cidade moderna.

O Rio, no entanto, não foi o único exemplo brasileiro de modernização a ser seguido pelas cidades que buscavam se modernizar. A capital do Estado de São Paulo também se tornou uma referência, especialmente para as cidades cafeicultoras do Oeste Paulista.

Alguns dos seus melhoramentos serviram de exemplo até mesmo para a capital federal. Segundo Moraes (1994, p.52), a modernização da estrutura sanitária da cidade de São Paulo, executada pelo prefeito Antônio Prado em consonância com a política do Serviço Sanitário do Estado, dirigido pelo Dr. Emílio Ribas, serviu de referência para Oswaldo Cruz implantar uma ação semelhante na reforma do Rio de Janeiro em 1904.

Desde o início da década de 1870, a dinâmica São Paulo – cidade que, a partir do último quartel do século XIX, foi transformada no principal centro articulador técnico, financeiro e mercantil do café – já vinha sofrendo intervenções urbanas que, justificadas especialmente pela necessidade de higienizar o espaço citadino, objetivavam também efetuar seu embelezamento e sua racionalização. Durante a administração de João Teodoro Xavier de Matos (1872-1875), gastou-se no embelezamento da capital uma quantia aproximadamente igual à metade do orçamento anual da província. Muitas ruas novas foram abertas e antigas ruas estreitas foram alargadas por meio de desapropriações e demolições de muitos prédios coloniais. Em 1873, as ruas que formam o triângulo central foram calçadas com paralelepípedos. A Várzea do Carmo foi drenada e um novo jardim público, denominado Ilha dos Amores, foi traçado numa pequena ilha do Tamanduateí. Em 1872, os lampiões a querosene das ruas foram substituídos pela iluminação a gás. Em 1888, foram instaladas as primeiras luzes elétricas nas ruas do centro da cidade. Segundo Morse (1970), no final da década de 1880, São Paulo contava com o melhor sistema de água e esgotos do Brasil. No início da década de 1930, começa a ser implantado o Plano de Avenidas de Prestes Maia que viria a dar à cidade uma nova configuração espacial.

Não só as cidades capitais, entretanto, se modernizaram. Os centros urbanos emergentes do Oeste Paulista, beneficiados pela riqueza proveniente da cultura cafeeira e pela chegada da ferrovia, também passaram por um processo semelhante, não obstante caracterizado por suas peculiaridades.

Passaremos agora a analisar como se processou a modernização de Franca, cidade cafeicultora situada no nordeste do Estado de São

32 FRANSÉRGIO FOLLIS

Paulo, que, apesar de não sofrer a ação de nenhum grande plano de remodelação urbana e nem ser agraciada com vultosos recursos estaduais ou federais, também viu sua paisagem urbana se transformar radicalmente no período compreendido entre a última década do século XIX e as primeiras do século seguinte.

O desenvolvimento urbano de Franca e o despontar da cidade moderna

A partir do último quartel do século XIX, o café ganhou grande importância nacional, projetando o Estado de São Paulo como o principal centro econômico do país. A riqueza proporcionada pela exportação desse produto fez que o chamado Oeste Paulista se firmasse como a região mais dinâmica da economia brasileira. Ao contrário de muitas cidades dessa região, que foram fundadas em razão da expansão da cafeicultura, Franca é uma cidade mais antiga. Em 1805, foi fundada a freguesia, em 1824 conseguiu sua autonomia política, elevando-se à categoria de vila com a denominação "Vila Franca do Imperador", e em 1856 alcançou o *status* de cidade.

Até a última década do século XIX, Franca, no entanto, fora uma inexpressiva cidadezinha agrária: a grande maioria da população residia na zona rural de onde tirava quase tudo de que necessitava e almejava para viver, indo à cidade apenas em ocasiões especiais, como casamentos, enterros ou festas religiosas. Não obstante a existência de alguns bairros isolados do núcleo urbano central, constituídos de pequenos agrupamentos de casas rústicas esparsas ao longo das estradas que se comunicavam com a cidade, como Covas, Boa Vista, Cubatão, Campo das Galinhas, Catocos, Coqueiros e Santa Cruz, a área urbana de Franca ficou praticamente limitada à região correspondente ao atual centro, área localizada no topo da Colina Central[3] onde foi fundada a freguesia. Nesse período, o Poder Público municipal, carente

---

3 O relevo da zona urbana de Franca é constituído por três colinas: a Central, local onde surgiu a cidade; a Santa Rita ou Santa Cruz, situada ao leste e separada da Colina Central pelo Córrego do Cubatão; e a Colina da Estação, situada a oeste e separada da Central pelo Córrego dos Bagres.

MODERNIZAÇÃO URBANA NA *BELLE ÉPOQUE* PAULISTA   33

de recursos e interesses, pouco se preocupou em investir no espaço urbano que permaneceu desprovido de jardins, calçamento, água encanada, rede de esgoto, luz elétrica e outros melhoramentos. Além disso, os animais domésticos andavam à solta pelas ruas de terra batida, que recebiam parte dos esgotos dos prédios. Em 1882, um jornal local descreveu a situação da cidade da seguinte forma:

> a cidade de Franca está material como intelectualmente atrazadíssima. Não tem mercado, não tem matadouro, não tem chafarizes, não tem largos arborizados, não tem ruas, calçadas, não tem nada. (*O Nono Districto*, 22.4.1882, p.1)

Em fins do século XIX, entretanto, Franca passou a conviver com a riqueza proveniente do desenvolvimento da cultura cafeeira e com as facilidades e as demandas proporcionadas pela chegada da ferrovia. Isso provocou o crescimento das atividades comerciais e de prestação de serviços na cidade, assim como da população urbana que, de aproximadamente sete mil habitantes em 1903, saltou para 11.051 em 1921, alcançando 18.072 moradores em 1937, e 22 mil em 1943. Vários fazendeiros cafeicultores da região, interessados em se manter mais perto das decisões políticas e dos centros econômicos mais importantes, foram paulatinamente deixando suas residências rurais e se instalando na urbe. Esses moradores mais abastados passaram a exigir da municipalidade calçamento de ruas, água encanada, rede de esgoto, iluminação elétrica, linha telefônica, jardins, teatros e hotéis. Ao mesmo tempo, procuraram também investir parte do seu capital no meio urbano, muitas vezes se aproveitando dos generosos incentivos oferecidos pelo Poder Público local à iniciativa privada para que esta provesse a cidade de alguns melhoramentos considerados vitais para a construção de uma paisagem citadina moderna. A nota do periódico francano, transcrita anteriormente, assinala as reclamações de uma aristocracia ansiosa por melhorias no meio urbano. Assim, conforme bem observou Martins (1993, p.185): "O espaço urbano aparece então como solução dupla: instrumento de aplicação do capital de uma oligarquia enriquecida com o café e local de exercício da civilidade que tal grupo pretendia".

34 FRANSÉRGIO FOLLIS

Além dos fazendeiros, a cidade passou a receber também um número cada vez maior de imigrantes e de negros libertos. Entre os imigrantes, o maior contingente foi de italianos que, decepcionados com o trabalho na lavoura de café, passaram a vislumbrar novas oportunidades na cidade. Assim, na década de 1890, a cidade presenciou um rápido crescimento, evidenciado pela expansão do antigo núcleo central e pelo desenvolvimento de dois novos bairros: o Bairro da Estação, inaugurado com a chegada dos trilhos da Companhia Mogiana de Estradas de Ferro em 1887 e a instalação da estação ferroviária numa área totalmente desabitada da Colina do Oeste, e a Cidade Nova, planejada pela municipalidade em 1892 na região norte da Colina Central. Em meados da década de 1920, a área urbana começou a ultrapassar os limites do rocio, território sob o domínio da municipalidade. Até o ano de 1933, cinco novos bairros surgiram na cidade: Vila Chico Júlio (1925), Vila Aparecida (1925), Vila Nicácio (1929), Vila Santos Dumont (1929) e Vila Monteiro (1933). Em 1938, foi projetado o prolongamento da Vila Santos Dumont (ver Figuras 1, 2 e 3).

Em Franca, pelo menos até o final de 1940, ao contrário do que ocorrera nas grandes cidades, a classe dominante local não abandonará o Centro, localizado no topo da Colina Central. Os mais ricos continuarão habitando os sobrados e casarões localizados nas suas principais ruas e praças, locais onde também se instalarão as casas comerciais mais requintadas, os estabelecimentos de crédito e, posteriormente, as primeiras indústrias de calçados da cidade, que irão aproveitar os antigos prédios que antes serviam ao comércio e a presença de melhoramentos infra-estruturais, como água encanada, rede de esgotos e energia elétrica. O comércio varejista se concentrará sobretudo ao longo da Rua da Estação, principal via de ligação entre o centro e a estação ferroviária. Os grandes atacadistas se instalarão nos extremos dessa rua, tendo sua maior aglomeração no Bairro da Estação (Ribeiro, 1941).

Favorecido pela presença da estação ferroviária, o Bairro da Estação se tornou uma importante área de atração populacional, uma alternativa bastante interessante para os recém-chegados à cidade. Grande número de imigrantes, especialmente italianos, se dirigiu para esse bairro. Assim, o desenvolvimento dessa nova área foi quase que instantâneo ao seu surgimento, marcado sobretudo pelo dinamismo da sua atividade comercial. Além dos grandes armazéns atacadistas de café, arroz e milho, proliferaram pelo bairro diversos "empórios de secos e molhados", hotéis, pensões, restaurantes, bares e cinemas. Pequenas oficinas e manufaturas foram surgindo, muitas fundadas por estrangeiros. Posteriormente, apareceram também as primeiras indústrias. Isso fez que o bairro se transformasse num importante centro econômico, capaz de concorrer com o secular Centro (Follis, 1998). Com o súbito desenvolvimento da área, três dos quatro novos loteamentos efetuados na cidade na década de 1920 ocorrerão nas suas imediações: Vila Chico Júlio, Vila Nicácio e Vila Santos Dumont.

A Cidade Nova terá um crescimento mais lento que a Estação e, ao contrário deste bairro, se manterá, pelo menos até o final da década de 1930, como área tipicamente residencial.

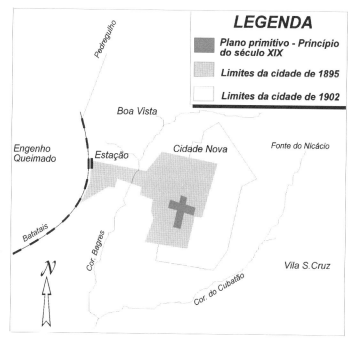

Figura 1 – Mapa do crescimento urbano de Franca até 1902 (Di Gianni, 1996, p.72).

A euforia em torno do desenvolvimento econômico e do crescimento da cidade favoreceu a incorporação dos ideais de progresso e modernidade em voga nos principais centros urbanos brasileiros. Com isso, aumentou a preocupação do Poder Público municipal em controlar, ordenar e equipar melhor o espaço citadino. Para tanto, os administradores locais contaram com o aumento da arrecadação propiciada pelos lucros advindos da cultura do café e por todo o desenvolvimento urbano que ele provocou. A arrecadação municipal, que era de 59.448,60 contos de réis em 1892, passou para 146.152,40 em 1902, e 748.540,30 em 1926. Em 1936, a prefeitura arrecadou 1.114.000,00 contos de réis (Nascimento & Moreira, 1943, p.99).

Assim, a partir da última década do século XIX, a cidade iniciou um processo de modernização que priorizou, pelo menos até o final dos anos 30, notadamente o antigo centro, local escolhido pela elite francana para representar uma cidade moderna e civilizada. Nesse período, a modernização urbanística constituiu o principal signo do progresso econômico e da instalação da modernidade em Franca. O entusiasmo pelo ritmo da transformação urbana em curso na cidade na virada do século pode ser percebido em nota do *Tribuna da Franca* (25.12.1903, p.2), logo no terceiro ano do século XX:

> Sempre em vias de progresso cada vez mais crescente, vemos esta bella cidade dia a dia arreiar-se de novas galas e pompas; dia a dia observamos que um novo melhoramento se introduz em seo seio e que, em vez de continuar a ser, como antigamente, um soturno e esteril "banco de areia", a Franca está conquistando garbosamente seguros elementos promissores de ser, em futuro não muito remoto, um verdadeiro edem paulista, um aprazivel ninho de encantos poeticos.
>
> O viajante dirá, por certo, que encontrou uma cidade muito diversa do que era, annos atraz, quando a irregularidade de suas ruas cheias de buracos e matagaes assustavam-no em seus passeios diarios ou mais o assombrariam em noites de pessima illuminação.
>
> Dirá também que as ruas estão, em sua maioria, bem calçadas, as praças arborisadas, que vio aqui um bonito jardim, ali outro em vias de construção, que os antigos casebres sem gosto architectonicos e que tresandavam ao bolor de taperas e ao de ratos e morcegos, foram substitui-

MODERNIZAÇÃO URBANA NA *BELLE ÉPOQUE* PAULISTA   37

dos por elegantes e solidos edificios que já dão a esta cidade adiantada onde a administração publica, sempre zelosa pelo bem geral, pelo interesse e bem-estar da população, não se esquece de unir a hygiene à esthetica, o util ao agradavel, o luxo ao necessário.

Acrescentará esse viajante ou touriste que, alem do embellezamento dos squares e melhoramento das ruas, alem de ver correr com abundância a agua potavel dos chafarizes e torneiras destinados à servidão publica e particular, vio os activos empregados de uma companhia de força e luz mourejando com ardor na tarefa de collocação de postes e fios para a inauguração da luz electrica e que, a agua e a luz, sendo duas condições de vida indispensaveis, a patriotica municipalidade da Franca não se esqueceu de prover as necessidades do povo, tratando de solver esses dois problemas primordiais com o maximo empenho.

Assim, se para a cidade de São Paulo, usando aqui um critério da urbanização e da modernização urbana, o período colonial só termina em 1870, conforme salienta Queiroz (1993), para Franca esse somente finda em 1890, momento em que realmente a cidade começa a despojar-se de uma feição essencialmente agrária rumo à constituição de uma paisagem propriamente moderna.

A chegada da ferrovia em Franca foi de fundamental importância para a modernização da cidade. Além de viabilizar a vinda de materiais e equipamentos para as obras e de técnicos em arquitetura e paisagismo, os trilhos da Mogiana possibilitaram também um contato mais freqüente entre Franca e outras cidades mais desenvolvidas, criando assim condições favoráveis à padronização da cidade nos moldes já institucionalizados em outros centros urbanos. Segundo o arquiteto Ferreira (1983, p.50), a partir desse momento foram

surgindo residências, às vezes acopladas a cômodos de comércio, com projetos importados, nos estilos que vigoravam na capital, cópias que os barões do café, a elite local, começavam a imitar, dada a facilidade de comunicação que a ferrovia propiciava.

O desejo de acompanhar a modernização das mais importantes cidades brasileiras foi explicitado nas páginas do *Tribuna da Franca* (21.4.1907, p.1) da seguinte maneira:

Actualmente preocupa o espirito de todos os povos o aperfeiçoamento de suas cidades e o desejo ardente que nutrem de dar às mesmas, a par da belleza architectonica todas as condições hygienicas, com o fim de tornal-as o quanto possivel salubres, isentas dos assaltos de terriveis epidemias.

Esse ardor, digno de incondicionaes elogios, que tem por escopo o bem estar geral das diversas classes sociaes, tem, felizmente, despertado em nosso pais o mais serio interesse, a mais viva manifestação de apoio traduzidos nesses gigantescos melhoramentos porque têm passado todas as capitaes dos Estados e, notoriamente, a Capital Federal que, graças aos esforços de alguns homens do passado governo da Republica se tornou, no curto espaço de quatro annos, a mais notavel cidade da America do Sul.

Sim, ahi está Ribeirão Preto ... é hoje uma das melhores e das mais admiradas cidades do Brasil.

Com um exemplo tão palpitante tão cheio de verdade e de seducção, deveria a nossa cidade ter acompanhado a sua co-irmã, já não diremos em todo o seu deslumbrante caminhar, mas ao menos nas ostentações progressistas de mais facil realisação.

Considerando que Franca, ao contrário das grandes cidades, não sofreu a intervenção de nenhum plano de remodelação urbana, a modernização da cidade se processou de forma gradativa, fruto da ação contínua da Câmara e prefeitura que, por meio da confecção e aplicação das leis municipais, aos poucos foram transformando a antiga vila do século XIX, marcada por uma feição ainda colonial, em uma cidade de características tipicamente modernas.

Em 1922, na tentativa de acelerar a modernização da cidade, a Câmara aprovou um projeto que propunha a implementação de diversos melhoramentos urbanos. Esse plano, apresentado pelo então prefeito major Torquato Caleiro, previa a colocação de hidrômetros nas residências para prevenir o desperdício de água, o aumento da rede de esgoto no Bairro da Estação, que possuía esse serviço apenas na Rua Dr. Jorge Tibiriçá, a reforma e ampliação do jardim da Praça N. S. da Conceição, o calçamento do trecho do centro localizado entre as ruas Major Claudiano, Comércio, Saldanha Marinho e Gene-

MODERNIZAÇÃO URBANA NA *BELLE ÉPOQUE* PAULISTA 39

ral Carneiro, o ensarjetamento e encascalhamento de outras ruas, a demolição do Teatro Santa Clara e a edificação de um novo teatro, a construção de um outro cemitério, além da instalação de água encanada nos distritos de Cristais, Restinga e São José da Bela Vista (ACM – Ata da Câmara Municipal de Franca, 30.12.1922, p.202-3; *Tribuna da Franca*, 14.1.1923, p.1).

Apesar de o projeto ter como meta a implantação de melhoramentos em diversas áreas dentro da cidade e em três distritos de Franca, na prática apenas o centro foi realmente beneficiado. A instalação de água nos distritos foi adiada logo no início, e o Bairro da Estação continuou sem nenhuma melhoria na sua rede de esgoto até 1930, ano em que o plano deixou de vigorar em razão da entrada de um outro grupo político na prefeitura de Franca após a Revolução de 1930.

Privados de auxílio financeiro significativo por parte do governo estadual – pelo menos até a década de 1930, quando se verifica uma maior participação do Estado no financiamento de alguns melhoramentos infra-estruturais, como abastecimento de água encanada e rede de esgotos – para viabilizar a modernização urbana de Franca, os administradores municipais recorreram à colaboração dos membros da classe dominante local, tanto no que diz respeito à tomada de empréstimos como no que se refere à participação do capital privado em obras consideradas de vital importância para a construção de uma cidade moderna. Em 1911, o *Tribuna da Franca* (23.2.1911, p.3) comentou essa situação da seguinte maneira:

> de facto a nossa terra jamais entrou na conta das distribuições das graças governamentaes, sendo certo que tudo quanto possue denotando progresso e civilisação deve unicamente aos esforços do governo municipal e ao patriotismo dos seus operosos habitantes.

A tomada de empréstimos era um expediente bastante utilizado pelos administradores das cidades paulistas em processo de modernização, sendo os municípios mais ricos os que mais se endividavam. Para se ter uma idéia da importância dos empréstimos na cons-

40 FRANSÉRGIO FOLLIS

tituição dos orçamentos municipais, em 1911 as obrigações derivadas das dívidas representavam 25% do total das despesas desses municípios, considerado o item de mais alto valor (Love, 1982). Os grandes empréstimos acabaram onerando os cofres municipais de Franca, comprometendo, assim, grande parte das rendas públicas futuras. A entrevista do prefeito Barbosa Filho concedida ao *Tribuna da Franca* (16.7.1933, p.1), que transcrevemos a seguir, ilustra bem essa realidade:

> Nas administrações anteriores a 1930, a Prefeitura deixou accumular enórmemente as dividas, motivo porque de 1930 para cá, o maior problema de nossa Prefeitura é o pagamento das dividas. Foi justamente esse o problema que preocupou as administrações dos Snrs. Celso Leite Ribeiro e Dr. João Marciano.
>
> Pois bem, isto quer dizer que a Prefeitura, para saldar debito do passado tem consumido quasi 50 por cento da sua receita.

Em 1934, objetivando desafogar a precária situação financeira do município e permitir o investimento em algumas obras públicas tidas como prioritárias, como o calçamento das ruas, o prefeito Zenon Fleury Monteiro teve que renegociar uma dívida que a prefeitura de Franca havia contraído em 1919 com o credor Dr. Silveira Gusmão. De acordo com o novo contrato, a prefeitura conseguiu a prorrogação do prazo e uma nova fórmula de pagamento em que, durante o período de 1934 a 1938, o serviço de amortizações anuais do capital e dos juros do empréstimo ficaria suspenso (*Comércio da Franca*, 28.10.1934, p.2).

Além da alternativa de se recorrer ao setor privado, o Poder Público de Franca passou também a incrementar a arrecadação municipal mediante o aumento dos impostos, a criação de novos tributos e a cobrança das taxas referentes à instalação e ao uso dos serviços urbanos, que foram sendo instalados na cidade. Na receita prevista para 1914, a taxa de água já aparecia como responsável por 20,42% de toda a arrecadação municipal, perdendo apenas para o imposto sobre indústrias e profissões, principal fonte de renda do município no período, que seria responsável por 22,87% (*Tribuna da Franca*,

MODERNIZAÇÃO URBANA NA *BELLE ÉPOQUE* PAULISTA 41

1º.11.1913, p.2). No triênio de 1920 a 1922, o prefeito Torquato Caleiro realizou uma reforma no sistema tributário do município, criando e aumentando vários impostos municipais, fato que causou diversas manifestações de protestos na cidade. Como resultado, a arrecadação municipal que era de 310:700$886 contos de réis em 1919, subiu para 457:494$351 em 1922, um aumento de 14,72% (*Tribuna da Franca*, 18.2.1923, p.2).

Nos próximos capítulos, verificaremos de que maneira os principais ideais propagados pela *haussmanização* – higienização, embelezamento e racionalização – foram apropriados e utilizados pelos administradores municipais locais na transformação da cidade de Franca e qual a realidade urbana que surgiu dessa ação.

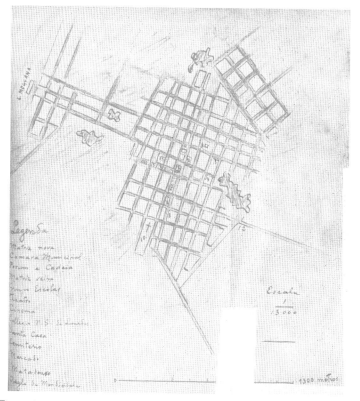

Figura 2 – Mapa da cidade de Franca em 1912 (Palma, 1912).

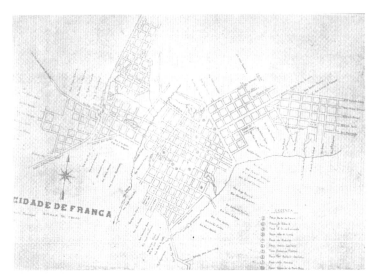

Figura 3 – Mapa da cidade de Franca em 1943 (Nascimento & Moreira, 1943).

Figura 4 – Fundos da Estação Ferroviária Mogiana de Franca em 1930, focalizada da Praça Sabino Loureiro, popularmente conhecida como Praça da Estação (Museu Histórico Municipal de Franca (MHMF), foto 48, álbum 1).

Figura 5 – Rua Major Claudiano em 1927, sentido centro-Bairro dos Coqueiros. Em destaque, Colégio Nossa Senhora de Lourdes (atual Câmpus da UNESP). Ao fundo, Colégio Champagnat e continuação da Rua Capitão Canuto (atual Avenida Champagnat) (MHMF, foto 9, álbum 2).

Figura 6 – Rua Major Claudiano no cruzamento com a Rua Comandante Salgado, em 1909. Em primeiro plano, casarões de estilo colonial remanescentes do século XIX. Ao fundo, o Colégio Nossa Senhora de Lourdes, também do século XIX (atual prédio da UNESP). Destaque para a presença de iluminação pública, ensarjetamento e fileiras de árvores plantadas na lateral da rua (MHMF, foto 28, álbum 3).

Figura 7 – Rua da Estação em 1902, sentido Estação-centro. Principal via de acesso entre o Bairro da Estação e o centro da cidade. Batizada em 1907 como Rua Dr. Jorge Tibiriçá e renomeada como Voluntários da Franca em 1936. Apesar da presença dos postes, a iluminação elétrica não foi instalada antes de 1904 (MHMF, foto 1, álbum 3).

Figura 8 – Rua Dr. Jorge Tibiriçá em 1927 (atual Voluntários da Franca) (MHMF, foto 6, álbum 3).

Figura 9 – Rua Dr. Jorge Tibiriçá em 1909 (atual Rua Voluntários da Franca), cruzamento com a Rua do Comércio no centro da cidade. Destaque para a fábrica de macarrão e armazém de Hygino Caleiro (MHMF, foto 3, álbum 3).

Figura 10 – Rua Voluntários da Franca, esquina com a Rua Monsenhor Rosa, centro, em meados dos anos 30. À esquerda, Casa Comercial Hygino Caleiro e Palácio das Sedas; à direita, Banco do Brasil, Loja Cury e livraria. Na esquina com a Rua do Comércio, Bazar Francano (MHMF, foto 7, álbum 3).

Figura 11 – Praça Nossa Senhora da Conceição em janeiro de 1936. Foto tirada do topo da Igreja Matriz (MHMF, foto 35, álbum 1).

2
A RACIONALIZAÇÃO DO ESPAÇO URBANO

Uma das características marcantes da cidade colonial brasileira é a irregularidade de sua malha urbana, que se diferencia do rígido traçado geométrico da cidade colonial da América espanhola, planejada em forma de tabuleiro de xadrez. Embora não tenha faltado aqui uma certa tendência à geometrização, uma intenção de adotar e seguir um planejamento, o traçado geométrico jamais pôde alcançar, entre nós, a importância que veio a ter em terras da Coroa de Castela: "não raro o desenvolvimento ulterior dos centros urbanos repeliu aqui esse esquema inicial para obedecer antes às sugestões topográficas" (Holanda, 1995, p.109). No período colonial, e não raro também durante o Império, os habitantes das cidades acabavam agindo de acordo com suas conveniências, erguendo suas casas como bem lhes aprazia, passivos às condições impostas pela natureza e beneficiados pelo frágil controle das autoridades. Segundo Romero (1976), a preferência dos portugueses por lugares altos para a fundação dos núcleos urbanos coloniais dificultou o seguimento de uma ordem geométrica rígida para o traçado urbano das cidades brasileiras.

Com isso, os princípios racionais e estéticos de simetria instaurados pelo Renascimento e consolidados no plano barroco que tomou

48 FRANSÉRGIO FOLLIS

forma no final do século XVII[1] não alcançaram grande êxito no Brasil, pois, "ainda que, muitas vezes, no começo, as ruas fossem alinhadas, havia pequena preocupação em manter as diretrizes iniciais, cuja importância ia ficando enfraquecida" (Reis Filho, 1968, p.131). O caso do plano urbano em forma de cruz, elaborado quando da fundação da Freguesia de Franca no início do século XIX, é esclarecedor a esse respeito (ver Figura 1). Segundo Bentivoglio (1997, p.64), "o plano idealizado, apesar de seus traços marcados pela religiosidade, tinha como objetivo último ordenar espacialmente aquela sociedade que geminava no povoado". No entanto, mesmo antes da elevação da Freguesia à Vila em 1824, ele já havia sido desprezado pelos administradores locais, pois essa tentativa de imposição de um plano sofreu, desde cedo, forte resistência das tradições populares de ocupação desordenada.

Depois do fracasso do plano, a Câmara Municipal de Franca tentará impor uma certa geometrização e uniformidade ao traçado urbano por meio das normas estabelecidas pelos códigos de posturas concernentes ao alinhamento dos lotes e à padronização da largura das vias. No entanto, a concessão de datas com tamanhos variados produzirá quarteirões irregulares (Bentivoglio, 1997). O descaso da população para com as leis, a presença de um relevo acidentado por grandes boçorocas e a falta de uma fiscalização eficiente por parte do Poder Público serão responsáveis pelo aparecimento de algumas ruas desalinhadas.

Assim, se o traçado irregular que caracterizou a área central de Franca e de outras cidades brasileiras destoava do ideal de cidade planificada barroca que vingara na América espanhola, seu contraste se tornava muito mais evidente ante os modernos padrões de racionalidade e regularidade adotados pelas cidades européias do século

---

1 De acordo com a mentalidade barroca: "Se a topografia era irregular, o terreno devia ser aplainado, não importava o custo em materiais e mão-de-obra, simplesmente para fazer funcionar o plano: a avenida não desviará o seu curso nem alterará em nada a sua largura, a fim de poupar uma bela árvore ou de manter intacto um precioso edifício. Na eventualidade de um conflito com os interesses humanos, o tráfego e a geometria têm prioridade" (Munford, 1965, p.500).

MODERNIZAÇÃO URBANA NA *BELLE ÉPOQUE* PAULISTA   49

XIX, das quais a Paris de Haussmann foi o exemplo mais expressivo. Nas cidades modernas, manifestou-se um verdadeiro culto à mobilidade: as ruas e avenidas são largas e longas, dispostas de maneira a facilitar a circulação.

Em Franca, é a partir da última década do século XIX que o interesse em construir uma malha urbana modernizada se tornará mais evidente. A ação do Poder Público local, em torno desse ideal, se processará por meio de pequenas intervenções no antigo núcleo urbano já constituído e, especialmente, pela ordenação e planejamento da expansão do território urbano. Não incluirá, portanto, como no caso do Rio de Janeiro e de São Paulo, a demolição da velha área central colonial, que sofrerá em Franca apenas algumas poucas modificações.

Identificação e ordenamento do território urbano

A partir de 1890, os administradores municipais começaram a interferir de maneira mais incisiva sobre o espaço físico da cidade de Franca na tentativa de conformá-lo às novas funções que o contexto político e econômico lhe imputava. Conforme observou Lima (1995, p.93), é no final do século XIX "que as Posturas expõem mais detalhadamente as normas para a 'construção' da cidade, ditando regras para alinhamento, arruamento e nivelamento das ruas e praças da cidade". Para isso, em 1899 a Câmara aprovou um projeto que definiu o perímetro urbano de Franca, ou seja, a região a ser normatizada:

> Artigo 1° – Fica o actual perimetro da cidade substituido pelo seguinte: Começando na ponte dos Coqueiros, subindo até a cabeceira da chacara do capitão M<u>el</u>. Ferreira e outro desse ponto em recta a porteira da chacara de Antonio Mendes, desse ponto em recta ao corrego dos Catocos e desce por elle até a ponte da rua José Ferreira – desse ponto continua a descer até a barra do corrego que vem da chacara de Simão Caleiro subindo por este até a machina de Joaquim A. Leite, desse ponto pela direita até a casa que foi de Antonio Espindola, desse ponto em rumo até a antiga porteira da Cassada, desse ponto à barra do Cubatão com o corrego dos Gomes, subindo pelo corrego do Cubatão até o ponto de partida. (ACM, 24.10.1899, p.109-109v)

50 FRANSÉRGIO FOLLIS

A presença de marcos delimitadores, como córregos, chácaras, pontes e porteiras, denota a demarcação de um extenso perímetro urbano que engloba até mesmo as chácaras, ultrapassando, em muito, a área arruada da cidade. Isso evidencia o interesse da municipalidade em racionalizar a expansão urbana de Franca, que deveria se desenrolar, a partir de então, respeitando os padrões modernos de organização espacial.

É nesse momento que a presença do engenheiro, possuidor da técnica racional, começa a ser solicitada pelas autoridades municipais, uma vez que a transformação da cidade teria que se processar baseada em preceitos racionais modernos. Segundo Ramos (1995, p.47):

> é somente a partir da instauração da República no país que esse profissional veio a tornar-se um elemento importante em termos políticos e ideológicos, dentro do novo contexto criado por aquela parcela da classe dominante, interessada na mudança, cujo espírito republicano vai necessitar de um novo quadro ideológico para poder agir em benefício próprio, sem ferir os ditames democráticos nos quais a nova política se apoiava.

Em 1893, a Câmara aprovou a contratação de um engenheiro para a prefeitura. Além deste, na década de 1890, foram criados também os cargos de segundo fiscal e zelador de ruas e restabelecido o cargo de arruador. A nomeação de mais um fiscal evidencia o interesse do Poder Público local em intensificar a fiscalização sobre a população citadina no que se refere ao uso e à ocupação do espaço urbano. A volta do arruador indica a preocupação em ordenar de maneira racional a expansão da malha urbana num momento em que a cidade começa a crescer rapidamente.

Estabelecendo os novos padrões de ocupação e uso do solo urbano, a Câmara passou a identificar e privilegiar o território da cidade que deveria agora distinguir-se do meio rural, transformando-se em "monumento da nova urbanidade", para usar um termo de Silva (1984). Ao mesmo tempo que começa a agir sobre o espaço citadino já edificado, a fim de corrigir uma estrutura tida como irracional e, portanto, marcada pela desordem, a municipalidade passa também

MODERNIZAÇÃO URBANA NA *BELLE ÉPOQUE* PAULISTA 51

a planejar e fiscalizar o processo de urbanização em curso na cidade, tentando, assim, separar o território urbano do rural e o espaço público do privado.

O aumento da procura por terrenos no perímetro urbano motivou a transformação de seu lote em mercadoria e provocou a conseqüente especulação imobiliária. Conforme observou Bentivoglío (1997, p.136), a partir de 1892,

> predominariam ações de compra e venda envolvendo a terra urbana, encerrando o mecanismo das concessões enquanto instrumento responsável pela construção da paisagem citadina como indicou o loteamento da Cidade Nova e a procura por terrenos na Estação.

Em 1890, a Câmara Municipal mandou demarcar a área compreendida pelo rocio no Bairro da Estação a fim de dividi-la em lotes para serem vendidos a quem "melhor preço offerecer" (ACM, 3.3.1890, p.45v-6). Em razão disso, a abertura de ruas e praças públicas também passou a ser financeiramente interessante, tanto para a municipalidade quanto para os particulares proprietários de extensas áreas no perímetro urbano. A criação de largos valorizava os terrenos ao seu redor; o arruamento, além de valorizar a propriedade, viabilizava o loteamento desta para a venda. Com isso, por várias vezes encontramos membros da classe dominante francana colaborando com esse serviço público, ora abrindo mão da indenização pela desapropriação de parte de sua propriedade por onde passaria a nova rua ora oferecendo certa quantia em dinheiro.[2] É preciso esclarecer

---

2 Em 1890, a população colaborou com duzentos mil réis para a compra do terreno necessário para a abertura de um largo em frente ao antigo Paço Municipal e cadeia, metade da quantia paga pela municipalidade ao proprietário (ACM, 18.8.1890, p.63v-4). Em 1914, os empresários Morched Daher e Juvencio Gomes ofereceram dois contos de réis e mais o terreno necessário à continuação da Rua General Telles até o Bairro da Estação (ACM, 15.4.1914, p.80). Em 1924, a Câmara recebeu um requerimento "de diversos moradores do ex-largo Visconde de Ouro Preto, offerecendo uma subscripção como auxilio para que a Camara promova os meios de adquerir os terrenos existentes n'aquelle local a fim de restabelecer aquelle logradouro publico" (ACM, 11.4.1924, p.8v).

52 FRANSÉRGIO FOLLIS

que a construção de praças públicas está ligada também ao desejo de embelezar a cidade, aspecto que abordaremos no Capítulo 4.

Nesse período de crescimento da cidade e conseqüente valorização do terreno urbano, é notória a preocupação da Câmara em demarcar e preservar o espaço público necessário para o prolongamento de ruas, construção de praças e aquisição de fontes d'água para canalização. Tratava-se, portanto, de se prevenir contra um antigo hábito dos moradores de se apropriarem das áreas públicas. Para isso, o Código de Posturas de 1890 estabeleceu duas multas: uma de vinte mil réis, além da obrigação de demolição, para o morador que construísse muro ou prédios em terrenos que serviriam de prolongamento das ruas; e outra, de trinta mil réis, para quem invadisse as áreas de servidões públicas. Em 1896, os vereadores autorizaram o intendente a mandar fazer "estudos e plantas da cidade", a fim de evitar a transferência de terrenos de utilidade pública a particulares (ACM, 10.1.1896, p.153v). Nesse mesmo ano, a Câmara Municipal negou a concessão de alguns terrenos no Bairro da Estação alegando que "não podem ser concedidos sob pena de prejudicar o embellezamento da povoação e trazer futuros embaraços" (LRDP – Livro de Registro de Diversos Pareceres, 11.1.1896, não pag.; ACM, 10.1.1896, p.152v). Em 1919, foi aprovada uma lei que proibia a construção em locais onde ainda não tinha sido planejado o traçado das ruas e praças (ACM, 24.4.1919, p.242v; 25.4.1919, p.243v-4).

Em razão da intensificação do trânsito no perímetro urbano, promovido pela chegada da ferrovia, aumentou a preocupação em facilitar a circulação pela cidade. O Poder Público municipal então começou a agir para promover a interligação das ruas e construir vias mais largas e retas. Em 1893, a Câmara aprovou uma indicação que demonstra de maneira elucidativa o desejo dos administradores municipais em organizar racionalmente o crescimento urbano de Franca, a fim de dotar a cidade de uma maior funcionalidade:

> Considerando que para facilitar o transito torna-se preciso que todas as ruas da cidade comuniquem-se de modo a não ficar nenhuma enterceptada, indico que esta Camara prohiba as edificações e feixo de ter-

MODERNIZAÇÃO URBANA NA *BELLE ÉPOQUE* PAULISTA   53

renos nos logares por onde tenha de mais tarde passar algumas das ruas da cidade já edificada. (ACM, 12.1.1893, p.23v-4)

O Código de Posturas de 1910 estabeleceu quatorze metros de largura para as ruas contra os treze metros e vinte centímetros estabelecidos pelas posturas anteriores. Essas novas medidas seriam seguidas nos prolongamentos das ruas centrais e nas aberturas de novas ruas.

Nesse período, a maior preocupação da municipalidade era quanto ao aperfeiçoamento da comunicação entre o centro e a estação ferroviária. Isso porque as ruas de ligação entre o núcleo urbano central da cidade e o Bairro da Estação eram as únicas vias de acesso até a Estação da Mogiana para toda a região leste da cidade, constituindo uma área de passagem, por onde era transportada grande parte do gado de corte e da produção de café e cereais produzidos na região de Franca. Além disso, era por meio dessas vias que os comerciantes do centro transportavam as mercadorias trazidas pelo trem de ferro. Até meados da década de 1910, essa ligação era efetuada por apenas duas vias: a Rua da Estação (atual Voluntários da Franca) e a Rua Santa Ephigênia (atual General Osório), também conhecida como "Rua dos Bondes" por ter sido percorrida pelos bondinhos puxados por burros da Companhia Carril Francana, entre 1894 e 1898. Em 1914, a Câmara autorizou o prolongamento da Rua General Telles até o Bairro da Estação. Em 1926, a abertura de mais uma via de ligação entre o centro e o Bairro da Estação era considerada uma obra de fundamental importância para o descongestionamento do tráfego nas antigas vias (ACM, 19.4.1926, p.353). No entanto, a presença de uma grande boçoroca no Bairro da Estação, entre as ruas Gonçalvez Dias e Coronel Tamarindo, acabou inviabilizando a construção de uma nova via de ligação entre essas duas áreas. Em razão disso, pelo menos até 1940, o prolongamento da Rua General Carneiro até o Bairro da Estação ainda não havia sido efetuado.

Desde o final do século XIX, a presença de boçorocas no território urbano de Franca era motivo de grande preocupação por parte do Poder Público. Em 1887, prevendo a expansão da cidade por causa da chegada da ferrovia, foi apresentada uma indicação para que a Câmara reivindicasse à Assembléia Provincial uma verba de vinte contos de réis para ser aplicada "nos concertos de diversas ruas, entupimento das grandes bossorocas que existem, não só no caminho da estação da via-ferrea, como mesmo unido á cidade, onde pode cauzar grandes prejuizos" (LRDP, 20.1.1887, não pag.). A presença de uma grande boçoroca na encosta oeste da Colina Central (conhecida posteriormente como "Buracão do Pestalozzi"), além de interceptar as ruas Monsenhor Rosa e do Comércio, impossibilitava o prolongamento da Avenida Major Nicácio no sentido leste-oeste, o que impedia a conexão direta da Cidade Nova com os bairros da Colina da Estação, contribuindo assim para o congestionamento das vias que faziam a ligação centro-Estação. Em 1932, a Câmara Municipal recebeu um abaixo-assinado com 118 assinaturas de moradores dos bairros Boa Vista, Chico Júlio, Cidade Nova e das propriedades rurais adjacentes, solicitando o prolongamento da Rua da Estalagem (atual Evangelista de Lima) até a Vila Chico Júlio, o que facilitaria o acesso dos habitantes dessas áreas e o escoamento da produção agrícola até a estação ferroviária (LRDR – Livro de Registro de Diversos Requerimentos, 16.5.1932, não pag.).

A presença de boçorocas no meio urbano de Franca impôs, portanto, certos limites à construção de uma malha urbana funcional na cidade, uma vez que dificultou grandemente a constituição de um traçado que proporcionasse uma articulação eficiente entre os bairros da urbe.

A intervenção no antigo centro colonial e a projeção do traçado urbano moderno na Cidade Nova

Para promover a racionalização da velha área central colonial, o ideal seria promover o alargamento, o alinhamento e a interligação das ruas de modo a facilitar a circulação de homens e mercadorias de maneira rápida e tranqüila. De acordo com essa nova visão, as paisa-

MODERNIZAÇÃO URBANA NA *BELLE ÉPOQUE* PAULISTA   55

gens que lembravam a cidade de outros tempos passaram a ser depreciadas, conforme se pode observar na declaração da Comissão de Obras Públicas em 1889: "Naquele ponto é a rua municipal quasi deserta, cheia de curvas e muitas outras fealdades que releva não mencionar" (ACM, 15.3.1889, p.83v-4).

O Código de Posturas de 1890 determinou que as ruas a serem abertas deveriam seguir a largura de treze metros e vinte centímetros. As novas edificações e as reconstruções efetuadas no perímetro urbano seriam sempre arranjadas em linha reta, em lugar já arruado e de acordo com o plano da Câmara em lugar não arruado, não estabelecendo nenhuma norma de correção imediata, portanto, para as antigas construções desalinhadas e para as estreitas ruas do centro. O alinhamento era efetuado pelo arruador municipal, mediante o pagamento de uma taxa por parte do proprietário do terreno. Assim, tudo indica que a correção da antiquada malha urbana colonial da área central seria processada de forma gradual, por meio do alinhamento das novas construções que fossem surgindo em substituição às antigas casas.

O Poder Público local, no entanto, não deixou de tomar certas medidas para alinhar, interligar e alargar as ruas do velho núcleo urbano já constituído. Em 1893, a Câmara aprovou o alargamento da Rua Aclamação (atual General Telles) e da Rua Alegria (atual Marechal Deodoro), mediante a retirada de dois metros e meio de cada lado da Praça Barão da Franca, "visto que tem ellas continuamente transito de carros e carroças em vista dos armazens que nas mesmas estão colocados" (ACM, 11.1.1893, p.23). Nesse mesmo ano, a Câmara autorizou mais dois reparos no traçado urbano central: a desapropriação de uma pequena casa localizada na Rua Municipal (atual Couto Magalhães), já que ela impedira o prolongamento de uma nova rua até o Córrego dos Bagres (LRDP, 4.8.1893, não pag.), e o alargamento da Rua do Comércio no trecho em que esta se encontrava mais estreita (ACM, 26.10.1893, p.53). Em 1895, o intendente municipal foi autorizado a pagar uma indenização de um conto de réis pela desapropriação de uma casa que se encontrava desalinhada na Rua Santa Ephigênia (ACM, 10.8.1895, p.131v). Em 1924, as

56 FRANSÉRGIO FOLLIS

Comissões de Obras e Finanças da Câmara Municipal aprovaram a solicitação de diversos moradores da Praça Nossa Senhora da Conceição para alargar a Rua Dr. Jorge Tibiriçá (atual Voluntários da Franca) no espaço correspondente à lateral dessa praça, entre as ruas Major Claudiano e Monsenhor Rosa (ACM, 10.9.1924, p.277).

Diferentemente do que ocorrera nos grandes centros, onde a desapropriação de propriedades particulares assumiu um papel crucial na racionalização do espaço urbano da área central, em Franca essa prática teve pouca importância na transformação do espaço físico da cidade. As intervenções por meio das desapropriações foram muitas vezes impossibilitadas em razão da falta de verbas públicas para arcar com as despesas.[3] Além disso, nas grandes cidades como Rio e São Paulo, a concentração de moradores pobres na área central motivou e facilitou as desapropriações. Em Franca, o fato de o centro estar ocupado sobretudo pelos moradores mais ricos e influentes da cidade inviabilizou uma maior atuação da municipalidade nesse sentido.

Assim, não obstante algumas ruas centrais terem sido alargadas em pequenos trechos onde não era necessário o gasto com desapropriações, ou seja, nos lugares reservados às praças públicas, e apesar de algumas vias terem sido alinhadas e interligadas mediante a desapropriação de algumas propriedades particulares e da aplicação das normas de alinhamento para as novas construções, a antiga malha urbana do Centro, composta por muitas ruas estreitas[4] e quarteirões irregulares, permaneceu praticamente inalterada, contrastando com as novas áreas da cidade que passaram a adotar as medidas estabeleci-

---

3 Numa discussão proferida na Câmara a respeito de um prédio que havia sido construído fora do alinhamento da Rua do Carmo (atual Campos Sales), o que causava um grande estreitamento da rua, os vereadores acabaram decidindo pela não-demolição, uma vez que "á ser corrigido aquelle defeito, obrigaria a correção de outros muitos a que não comportão os cofres municipais" (LRDP, 6.5.1893, nãp pag.; ACM, 17.4.1893, p.37).

4 Para ficarmos com apenas três exemplos, salientamos que as ruas do Comércio, Saldanha Marinho e Ouvidor Freire possuem menos de quatro metros de largura nos trechos compreendidos dentro dos limites do *centro da cidade*.

das nos Códigos de Posturas. Esse contraste tornou-se mais evidente após a implantação do traçado em sistema de xadrez com vias largas adotado no planejamento da Cidade Nova e dos novos bairros surgidos a partir da década de 1920 (ver Figura 14).

A transformação mais radical do centro de Franca ocorrerá somente a partir da década de 1970, momento em que a prefeitura municipal começa a transformar as ruas estreitas em "calçadões" decorados com canteiros ajardinados e luminárias centrais, e a iniciativa privada acelera o processo de substituição dos velhos casarões do café por arranha-céus e modernos edifícios destinados a abrigar bancos e grandes magazines. No entanto, a compreensão desse processo modernizador mais recente demanda uma nova pesquisa.

Com o objetivo de organizar a expansão norte da área central da cidade, em 1893 a municipalidade começa a lotear a Cidade Nova, primeiro bairro totalmente planejado de Franca. O projeto coube ao engenheiro Ernesto da Silva Paranhos, que apresentou a planta em 1892. Projetado em forma de tabuleiro de xadrez numa extensa área plana do antigo Campo da Forca, região mais alta da urbe, constituído de quarteirões quadrados regulares, ruas e calçadas largas e atravessado por duas amplas avenidas, a Avenida Francana (atual Major Nicácio) e a Avenida Rio Branco (atual Presidente Vargas), ambas com quarenta metros de largura, esse loteamento evidencia o desejo do Poder Público local em estabelecer um espaço físico moderno em Franca. A aprovação de uma indicação, em 1892, para que a municipalidade adquirisse algumas plantas de casas a serem fornecidas àqueles que se dispusessem a construir nesse novo bairro é bastante reveladora do desejo da elite dominante francana em construir um bairro de padrão "elegante", semelhante àqueles encontrados nas mais importantes cidades brasileiras (ACM, 18.10.1892, p.11v).

O símbolo mais expressivo desse espaço urbano geométrico e racional inaugurado com a Cidade Nova era, sem dúvida, as duas avenidas perpendiculares que a compunham. Planejadas com objetivos que ultrapassavam em muito as necessidades viárias da época, as avenidas Major Nicácio e Presidente Vargas expressavam o desejo da cidade de ser moderna (ver Figura 15). Aqui, mais do que nas ca-

58 FRANSÉRGIO FOLLIS

pitais, as avenidas surgiram essencialmente como símbolos de uma nova época, e não como uma necessidade prática virtual. Essas vias superdimensionadas permaneceram desertas por quase um século, pois foi somente por volta da década de 1970 que elas começaram a ter um movimento condizente com os seus amplos espaços. Nesse sentido, a mesma constatação efetuada por Munford (1965, p.543) a respeito do significado das avenidas para as pequenas cidades do centro dos Estados Unidos vale também para Franca:

> a rua ou avenida larga era estimada como um símbolo de progresso: a tal ponto que era traçada com uma amplitude que não tinha relação funcional com o seu uso presente ou potencial. O valor de tal planejamento de ruas, numa espécie de tardia caricatura do alargamento barroco do espaço, como expressão do comando principesco, era altamente decorativo.

O planejamento da Cidade Nova exemplifica bem o que Romero (1976, p.275) observou em sua análise a respeito das transformações das cidades latino-americanas: onde não se pôde ou não se quis demolir o velho centro colonial, procurou-se organizar a expansão das áreas adjacentes e dos novos bairros de acordo com os modernos princípios urbanísticos.

Após o planejamento do Bairro Cidade Nova, todos os novos bairros que surgiram em Franca nas décadas de 1920 e 1930, a maioria loteada por particulares, tiveram que ser projetados de acordo com os padrões geométricos modernos estabelecidos pelos Códigos de Posturas do Município.

Figura 12 – A colonial Rua do Comércio em 1920, ainda sem pavimentação. Cerca de três metros de largura. Muito estreita para os padrões racionais modernos. Ao centro, padre Alonso Ferreira de Carvalho. Encostado no poste, o Sr. Antônio Loboshi (MHMF, foto 49, álbum 3).

Figura 13 – A estreita Rua do Comércio, já pavimentada com paralelepípedos, em 1927. Trecho entre a Praça Barão e a Rua General Telles. À esquerda, sobrado onde funcionava, no térreo, a "Empresa Funerária" e, no pavimento superior, a Loja Maçônica "Amor à Virtude". À direita, "Officina de Óptica A. Casale" (MHMF, foto 51, álbum 3).

MODERNIZAÇÃO URBANA NA *BELLE ÉPOQUE* PAULISTA 61

Figura 14 – Vista parcial da cidade de Franca na década de 1950. Contraste entre a malha urbana do centro (primeiro plano), composta de ruas estreitas e quarteirões irregulares, e a Cidade Nova (ao fundo), composta de quadras regulares em sistema de xadrez e de largas ruas e avenidas. Ao centro superior, a Avenida Presidente Vargas, perpendicular à Avenida Major Nicácio (MHMF, foto 25, álbum 2).

Figura 15 – Avenida Major Nicácio nas primeiras décadas do século XX, Bairro Cidade Nova (MHMF, foto 63, álbum 1).

3
A HIGIENIZAÇÃO DA CIDADE: O MEDO DAS EPIDEMIAS

A formulação e a disseminação da "teoria dos miasmas", idéia que associava a ocorrência de epidemias com a insalubridade do meio urbano, foram decisivas para o desenvolvimento do ideal que viria a se tornar o mais forte pressuposto ideológico motivador das reformas urbanas implementadas em várias cidades ocidentais, no período compreendido entre meados do século XIX e princípio do século XX: a higienização.

Na virada do século XIX para o século XX, eram dois os paradigmas médicos vigentes no Brasil a respeito das causas e dos modos de propagação das doenças epidêmicas: a "teoria do contágio" e a "teoria da infecção". Esse aspecto, que será aqui abordado tendo como referência a análise efetuada por Chalhoub (1996) em seu livro *Cidade febril*, tem grande importância para a compreensão da relevância dada à higienização no processo de modernização das cidades.

Para os "contagionistas", as moléstias podiam ser transmitidas mediante o contato físico direto entre as pessoas ou de forma indireta, por meio do toque em objetos contaminados pelos doentes ou da respiração do ar que os circundava. De acordo com eles, o surgimento de uma determinada moléstia sempre se explicava pela existência de um "veneno específico" que, uma vez produzido, podia se reproduzir no indivíduo doente e assim se espalhar na comunidade, inde-

64 FRANSÉRGIO FOLLIS

pendentemente da continuação das condições originais que haviam provocado o seu aparecimento.

Os "infeccionistas", por sua vez, defendiam que o aparecimento das doenças epidêmicas estava ligado à ação de "miasmas mórbidos" no ar ambiente, substâncias emanadas de águas estagnadas e de animais e vegetais em putrefação. Assim, a infecção não atuava senão na esfera do foco "miasmático", uma vez que a possibilidade de propagação da doença de pessoa a pessoa, apesar de existir, era considerada remota, pois não ocorria propriamente por contágio: o indivíduo doente agia sobre o são ao alterar o ar ambiente que os circundava.

Nessa polêmica, a varíola era citada como exemplo de doença contagiosa, enquanto a malária aparecia como enfermidade infecciosa. Essas duas moléstias ocupavam as extremidades de uma linha hipotética que hierarquizava as doenças epidêmicas, tendo como critério o seu grau crescente de contagiosidade. No que diz respeito à cólera e à febre amarela, entretanto, as controvérsias quanto à etiologia e às formas de transmissão eram enormes, acontecendo, muitas vezes, de esses dois paradigmas da ciência médica da época se combinarem.

Os trabalhos de higiene e de desinfecção das habitações, requeridos pela errônea crença de que a febre amarela era transmitida pelo contágio, somente foram abandonados, no Rio de Janeiro, após a posse de Oswaldo Cruz como diretor da Saúde Pública em março de 1903. Isso se deu porque Oswaldo Cruz aceitou a doutrina de Finlay de que o mosquito era o transmissor da doença, fato que não deixou de provocar grandes controvérsias no meio médico acadêmico. Eram três as correntes do pensamento médico brasileiro a esse respeito na época. Uma aceitava sem restrições a teoria de Finlay de que o mosquito era o único transmissor. Outra se apegava às velhas concepções, como a do contágio direto, a da água, a do clima e a dos miasmas. A terceira aceitava a tese comprovada do mosquito, mas admitia outras formas de contágio (Franco, 1973, p.373-4).

No que se refere às medidas concernentes ao combate à propagação das doenças no meio urbano, é evidente que as divergências

MODERNIZAÇÃO URBANA NA *BELLE ÉPOQUE* PAULISTA 65

também existiam. Os "contagionistas" recomendavam o isolamento dos doentes em hospitais estabelecidos em locais distantes da área central das cidades, evitando assim o contágio de mais habitantes.

Os "infeccionistas", por seu turno, consideravam tal providência ineficaz e defendiam a eliminação das condições locais responsáveis pela produção das "emanações miasmáticas" nas cidades por meio das intervenções saneadoras no meio urbano. Foram os "teóricos infeccionistas" que produziram o arcabouço ideológico básico norteador das reformas urbanas. Segundo Chalhoub (1996, p.170), a "dificuldade em determinar com qualquer precisão as origens e a composição dos miasmas fez com que os infeccionistas, especialmente nas cidades, colocassem todo o ambiente – e as 'classes perigosas' nele presentes – sob suspeição e constante inspeção".

A necessidade de higienizar o espaço urbano passou a justificar a invasão e a eliminação, por parte das autoridades públicas, das habitações da população pobre, consideradas insalubres e, portanto, focos privilegiados para a propagação de epidemias. No Rio de Janeiro e em São Paulo, a ideologia da higienização deu sustentação à decretação de uma verdadeira guerra aos cortiços, antigos casarões subdivididos em vários cubículos por seus proprietários para serem alugados à população de baixa renda. A demolição de grande parte dessas moradias coletivas, especialmente na região central dessas duas cidades – intensificada a partir da última década do século XIX –, agravou o problema do déficit habitacional, provocando assim a elevação dos aluguéis, o que contribuiu para tornar as áreas centrais urbanizadas cada vez mais proibitivas às camadas populares.

Alijados dos cortiços localizados na região central do Rio de Janeiro, onde tinham maiores possibilidades de trabalho, muitos dos antigos moradores dos cortiços cariocas, a maioria negra e mulata, acabaram pegando o que era possível aproveitar dos escombros dos cortiços destruídos, subiram para os morros não urbanizados próximos ao centro da cidade e constituíram conjuntos de barracos que depois vieram a ser chamados de favelas. Dessa feita, o desejo da elite carioca de um centro burguês livre da incômoda vizinhança pobre não se consumou. As favelas surgiam em plena *Belle Époque*,

66 FRANSÉRGIO FOLLIS

denunciando as contradições de uma modernização marcada pela exclusão social.

Partindo de uma oposição entre "civilização" e "tempos coloniais", "a idéia de que existe um 'caminho da civilização', isto é, um modelo de 'aperfeiçoamento moral e material' que teria validade para qualquer 'povo', sendo dever dos governantes zelar para que tal caminho fosse mais rapidamente percorrido pela sociedade sob seu domínio", e "a afirmação de que um dos requisitos para que uma nação atinja a 'grandeza' e a 'prosperidade' dos 'países mais cultos' seria a solução dos problemas de higiene pública" tornaram-se o senso comum dos administradores das cidades brasileiras emergentes nas últimas décadas dos Oitocentos (Chalhoub, 1996, p.34-5).

Graças à sua elevada altitude[1] e ao seu clima de temperatura amena[2] e de umidade relativamente baixa, a cidade de Franca foi poupada das devastadoras epidemias de febre amarela que, na virada do século, provocaram grandes distúrbios no Rio de Janeiro e em alguns dos centros urbanos paulistas mais pujantes, como Santos, Ribeirão Preto, Sorocaba, Rio Claro e a pestilenta Campinas, cidade onde os nove anos consecutivos de febre amarela – de 1889 a 1897 – provocaram um brusco decréscimo da população e dos investimentos, interrompendo, assim, a continuação do processo de desenvolvimento urbano imprimido nas últimas duas décadas que antecederam o primeiro surto da doença em 1889 (Badaró, 1996).

Esses fatores naturais, entretanto, não evitaram o aparecimento de outras doenças epidêmicas em Franca. Durante o século XIX, a cidade foi acometida por epidemias de varíola em 1835, 1848, 1860, 1864, 1865 e 1888. Neste último ano, em razão das várias mortes provocadas por essa doença, foi criada uma "Junta de Salvação Pública" na cidade (Bentivoglio, 1996). Entre 1910 e 1912, uma epidemia de varicela levou a Câmara Municipal a solicitar ajuda financeira ao governo estadual a fim de cobrir as despesas efetuadas com o

---

1 A cidade de Franca situa-se num planalto contido entre as cotas de 950 a 1.050 m de altitude.

2 A temperatura média anual de Franca varia entre 18 e 20°C.

tratamento dos doentes (ACM, 12.4.1912, p.20). Em 1918, morreram quinze pessoas no improvisado "posto-socorro" instalado no grupo escolar da cidade, vítimas da epidemia de gripe espanhola (*Tribuna da Franca*, 1°.12.1918, p.2). No início de 1921, um surto epidêmico de varicela ceifou vários habitantes (*Tribuna da Franca*, 18.2.1923, p.2).

Assim, o grande temor às epidemias e a idéia de que modernizar a cidade significava, também, higienizar o seu espaço de modo a deixá-lo imune às terríveis doenças epidêmicas que punham em crise a cidade fizeram que o Poder Público de Franca intensificasse, a partir da última década do século XIX, sua ação higienizadora no meio urbano. Dessa forma, a ideologia da higienização foi incorporada e utilizada pelos administradores municipais, passando então a motivar e justificar a intervenção do Poder Público na urbe.

A limpeza pública e as normas de higiene para o privado

Em 1893, a Secretaria dos Negócios do Interior do Estado de São Paulo enviou um comunicado à Câmara Municipal de Franca informando que, a partir daquele ano, o serviço sanitário deixava de ser uma obrigação do governo estadual e passava a ser de inteira responsabilidade dos municípios. Essa decisão passou a exigir uma ação mais efetiva da municipalidade quanto à higienização da cidade. Além disso, com o súbito crescimento de Franca na virada do século e o conseqüente aumento da possibilidade de surgimento de doenças epidêmicas no meio urbano, aumentou a preocupação com a salubridade da cidade.

A imprensa francana começou a exigir do Poder Público local providências relativas à eliminação de focos potenciais de "miasmas" na cidade, visualizados nas águas estagnadas, no lixo em decomposição e nos animais mortos em estado de putrefação no meio urbano. Em 1900, o *Tribuna da Franca* (15.12.1900, p.2) fez a seguinte advertência: "Ella (a amarella), já veio até São Simão, por

68 FRANSÉRGIO FOLLIS

isso, quando a barba do visinho arde... É melhor prevenir que arremediar!". A apreensão presente na época em torno das condições higiênicas da cidade e da iminente ameaça das epidemias foi descrita da seguinte maneira por esse periódico:

Entramos em plena estação calmosa, epocha em que, todos os annos e por toda a parte, as epidemias apparecem com mais intencidade.

A nossa Franca é uma das cidades que menos têm soffrido neste sentido, devido tão somente as suas optimas condições climatericas e invejavel topographia, que nos offerecem a melhor garantia á salubridade publica.

Isto não quer dizer, porém, que nos descuidemos dos mais comesinhos preceitos de hygiene ... e tanto mais é de urgencia a observancia estricta de bôa hygiene, quanto é sabido que a Franca de hoje não é certamente a mesma de 8-10 annos antes.

A sua população quase tem dobrado neste ultimo decennio, como tem dobrado o seu movimento de vida commercial e social tornando mais compacto o agrupamento das casas.

Tudo isto está a exigir maiores cuidados de hygiene para garantir a salubridade publica; eis porque vimos hoje especialmente chamar a vistas do digno sr. Intendente em exercicio para um dos mais importantes dos ramos de serviço – a limpeza publica, que é, todo o mundo o sabe, a pedra angular do grande edificio da Hygiene. (*Tribuna da Franca*, 9.11.1905, p.1)

O serviço de limpeza pública passou a ser considerado, então, "um dos mais importantes e indispensaveis serviços publicos", visto que a urbe tinha "necessidade de demonstrar em todos os seus detalhes a verdade do seu progresso e civilização" (*Tribuna da Franca*, 16.9.1909, p.1).

Um dos grandes problemas higiênicos enfrentados pela municipalidade na época dizia respeito ao escoamento das chamadas "águas servidas", uma vez que as ligações dos prédios à rede de esgoto somente começaram a ser efetuadas em meados da década de 1910, e se processaram de forma lenta e parcial. Dessa maneira, apesar de ser proibido pelas Posturas Municipais de 1890, a maior parte da água utilizada na lida diária dos moradores era lançada nas ruas,

MODERNIZAÇÃO URBANA NA *BELLE ÉPOQUE* PAULISTA 69

fato que, segundo um periódico local, incomodava "o tranzeunte com o seu fetido insupportavel", além de "envenenar o ar com milhares de microbios, portadores de febres de mau caracter e outras molestias infecciosas" (*Tribuna da Franca*, 12.5.1907, p.1).

Em 1899, salientando "a falta absoluta de hygiene" na cidade, um vereador fez uma indicação para autorizar o intendente municipal "a organizar com a máxima urgência, o serviço para a limpeza publica, podendo aproveitar, se assim o entender, o plano formulado e executado pelo ultimo Conselho de Intendencia" (ACM, 10.2.1899, p.68v-9). Em 1902, a municipalidade contratou um empreiteiro para executar a coleta do lixo e das "águas servidas" (*Tribuna da Franca*, 1º.3.2002, p.3). Segundo as determinações da municipalidade, o concessionário deveria executar o serviço diariamente em todas as ruas e prédios do perímetro urbano. No entanto, dada a dificuldade encontrada pelos habitantes em armazenar a água utilizada em suas residências e a irregularidade do trabalho de recolhimento dos detritos, prestado pelas empresas que passaram a ser responsáveis pelo serviço de limpeza pública da cidade, esse inconveniente higiênico continuou a incomodar os administradores municipais por um bom tempo.

Até 1932, as carroças da limpeza pública de Franca percorriam apenas as ruas centrais da cidade, passando, a partir desse ano, a atender também os bairros Cidade Nova, Estação e Cubatão. Tal serviço era bastante deficiente, sendo freqüentemente criticado pela imprensa francana, que acusava os fiscais municipais de não fazerem as empresas concessionárias cumprirem as cláusulas estabelecidas no contrato. Apesar das multas previstas por lei, os artigos dos jornais nos revelam que a população não cumpria as rígidas determinações impostas pela municipalidade. Assim, o esgoto continuava a correr a céu aberto pelas vias públicas. Em agosto de 1913, o Sr. Jorge Kamil foi multado pelos fiscais municipais por ter deixado "em suas sargetas aguas putridas estagnadas" (*Tribuna da Franca*, 24.8.1913, p.1).

Por várias vezes, encontramos a imprensa francana exigindo providências e reclamando das precárias condições higiênicas do

70 FRANSÉRGIO FOLLIS

centro, local onde as exigências quanto à higiene eram maiores e mais fiscalizadas. Em 1910, o *Tribuna da Franca* (13.10.1910, p.1) fez o seguinte comentário a esse respeito:

> Consecutivamente recebemos pedidos afim de reclamarmos dos fiscaes municipaes energica providencias no sentido de serem punidas as pessoas residentes em as ruas centraes e movimentadas da cidade, as quaes em manifesta infração á letra do codigo de postura e aos preceitos hygienicos deixam escorrer para as sargetas publicas as aguas servidas de suas casas.

> Bem sabemos que em uma cidade como a nossa, onde não existe rêde de esgotos e não há aperfeiçoado serviço de limpesa publica, torna-se impossivel cohibir que sejam lançadas para as ruas o que propriamente se chama aguas sevidas; entretanto, não é precisamente disto que se trata, mas sim do despejo nas ruas de lavagem putrida, geradora de molestias fataes.

Somente com o aumento das instalações de rede de esgoto, o problema advindo do escoamento das "águas servidas" para as ruas começou a ser solucionado, sobretudo no centro, área mais bem atendida por esse melhoramento. Contudo, durante os anos 30, o serviço de coleta de lixo da cidade ainda era severamente criticado pela imprensa local, que exigia providências por parte do Poder Público. Segundo o *Comércio da Franca* (31.5.1931, p.2), várias eram as queixas que chegavam à redação do jornal, "demonstrando que o serviço váe assumindo o caracter de ... sujeira publica", "apoucando os nossos fóros de cidade adiantada". Em 1933, esse periódico comentou o seguinte a respeito das condições das carroças empregadas nesse serviço:

> Têm sido inuteis as queixas do povo e as reclamações da imprensa, sobre o estado das carroças empregadas na limpeza publica. Verdadeiros vehiculos de fedentina ambulante, em toda rua largam a nauseabunda exhalação da porcaria que carregam, no mais revoltante attentado á hygiene publica.

> Assim [que] tiver sobra de tempo, o sr. prefeito deve ter a generosa disposição de examinar as carroças do lixo. Porque, em materia de por-

MODERNIZAÇÃO URBANA NA *BELLE ÉPOQUE* PAULISTA   71

caria, as carroças da prefeitura merecem o primeiro premio no concurso da sujeira. (*Comércio da Franca*, 1º.10.1933, p.2)

A higienização também serviu de justificativa para a criação de novos impostos. Em 1905, a Câmara Municipal instituiu um tributo no valor de 10% sobre o imposto predial urbano, denominado taxa do lixo (*Tribuna da Franca*, 9.11.1905, p.1). Em 1912, foi criado o imposto de cinco mil réis anuais sobre cada habitação do perímetro urbano, destinado a auxiliar a verba despendida pela municipalidade com a limpeza pública da cidade (*Tribuna da Franca*, 18.4.1912, p.2).

A partir do início do século XX, a utilização de água de cisternas na cidade também passou a ser considerada um grave problema de higiene pública em Franca. A infiltração das "águas servidas" no solo e a presença de fossas nos quintais das casas possibilitavam a contaminação dos lençóis d'água que abasteciam os poços, favorecendo, assim, o aparecimento de "terríveis moléstias". Para sanar esse problema, o aumento do abastecimento de água encanada e o estabelecimento do serviço de rede de esgoto passaram a ser apontados como imprescindíveis e urgentes (*Tribuna da Franca*, 5.3.1905, p.1).

Além da proibição de lançar, nas ruas e nos quintais, o lixo e as "águas servidas", várias outras normas concernentes à higienização da cidade foram impostas ao setor privado. As Posturas de 1890 obrigavam os moradores a conservar as frentes de suas propriedades devidamente limpas. Em janeiro de 1905, o intendente de Franca, coronel André Martins de Andrade, publicou um comunicado na imprensa avisando os moradores de que, a partir de fevereiro daquele ano, os funcionários da municipalidade passariam a fazer, uma vez por mês, "uma rigorosa inspecção de hygiene em seus quintaes, pateos e habitações, sendo multados todos aquelles que não tiver tudo em perfeito estado de asseio" (*Tribuna da Franca*, 22.1.1905, p.2).

O Código Municipal de 1910 estabeleceu, mais detalhadamente, as regras para a higienização das propriedades particulares e para a limpeza pública da cidade. Segundo esse código, as águas utiliza-

72 FRANSÉRGIO FOLLIS

das nas casas deveriam ser colocadas em "vasilhas especiais" e entregues todos os dias às carroças da limpeza pública. Em 1920, o prefeito Torquato Caleiro promulgou uma lei proibindo o uso de latas e caixotes de lixo e obrigando a utilização dos recipientes tampados, de zinco ou de ferro galvanizado, adotados pela prefeitura (*Tribuna da Franca*, 15.8.1920, p.2). Em outubro de 1925, o jornal *O Aviso da Franca* (25.10.1925, p.1) expôs o seguinte:

> É um espectaculo vergonhoso, e que vem desabonar grandemente a hygiene da cidade, o uso de exporse o lixo aí pelas calçadas, em latas abertas ou caixões.
>
> Não se precisa ser um hygienista para se julgar dos incovenientes que este uso traz.
>
> Dois remedios ha para isso: um já o foi applicado pelo ... dr. Antonio Petraglia, quando vereador, mas que caiu em desuso por exigir algum sacrificio das bolsas, nem todas capazes de o fazer.
>
> O que nós propomos é estabelecer o louvavel costume que ha no Rio: O lixeiro entra e váe buscar o lixo no quintal das casas. Quem não tiver quintal, compre uma lata propria para lixo, fechada, de accordo com o que dispõe o Codigo Municipal.

Esse artigo evidencia o desejo de adotar na cidade as práticas desenvolvidas nos principais centros brasileiros. Demonstra, também, as dificuldades enfrentadas pelos administradores municipais para implementar certas medidas que exigiam gastos por parte da população.

No que se refere à fiscalização das habitações, a partir de 1907, o Poder Público local passou a ser auxiliado pelos fiscais do Serviço Sanitário do Estado. Esses agentes inspecionavam as condições higiênicas das casas e intimavam, quando necessário, o morador a cumprir as determinações previstas na legislação vigente. Encerradas as visitas aos domicílios, os fiscais entregavam um relatório ao Poder Público municipal que ficava, então, incumbido de fiscalizar o cumprimento das determinações impostas aos moradores. Para isso, os funcionários municipais muitas vezes recorriam às multas e, até mesmo, à interdição do prédio.

No início da década de 1910, a vinda dos fiscais do Estado a Franca passou a ser coordenada pela Delegacia de Higiene do Distrito, órgão sediado em Ribeirão Preto. Apesar disso, a irregularidade da freqüência das visitas era vista com grande preocupação pelo Poder Público local. Muitas vezes, os administradores municipais tinham que requisitar a presença desses agentes estaduais aos responsáveis pela direção da Delegacia de Higiene. Foi o que ocorreu em 1915 quando, em razão da ameaça de propagação da febre tifóide na cidade, a prefeitura solicitou ao inspetor da Higiene do Distrito a vinda dos fiscais estaduais a Franca. Nesse comunicado, o prefeito aproveitou para combinar a visita mensal desses agentes (*Tribuna da Franca*, 25.7.1915, p.1).

Em março de 1935, o governo do Estado instalou em Franca uma Inspetoria Sanitária. A importância dessa iniciativa para a cidade pode ser observada nos comentários efetuados pelo redator do *Comércio da Franca*:

> Concretiza essa noticia a realização de uma das maiores necessidades deste municipio. A creação da Inspectoria Sanitaria com séde nesta cidade virá preencher uma consideravel lacuna que de ha muito se fazia sentir. (17.3.1935, p.4)

> A cidade de Franca, de grande expansão commercial, industrial, nada possuia em materia de defeza da saude de seus habitantes. Existia apenas uma fiscalização sanitaria muito deficiente de predios e quintaes. Tornou-se urgente pois e humanitario que as autoridades competentes volvessem seus cuidados para esta cidade. (8.12.1935, p.1)

Dentre as várias notificações efetuadas pelos fiscais sanitários do Estado na cidade, destacavam-se as seguintes: limpeza dos quintais; reparos em cisternas e fossas; remoção de porcos; ligação às redes de água e esgoto; instalações sanitárias adequadas e extinção de fossas e cisternas nas áreas servidas pelas redes de água e esgoto; além de reforma e demolição de prédios que se encontravam em desacordo com as normas sanitárias em vigor. Numa visita a Franca, efetuada em outubro de 1934, os agentes da Delegacia de

74 FRANSÉRGIO FOLLIS

Saúde de Ribeirão Preto inspecionaram 520 residências habitadas, treze casas vagas, dois prédios em construção e quatrocentos e trinta fossas (*Tribuna da Franca*, 1º.11.1934, p.2).

Em 1918, a Câmara Municipal de Franca aprovou um projeto vedando a concessão de licença para construção e reforma de prédios às pessoas que não apresentassem plantas planejadas de acordo com as normas e medidas estabelecidas pelo Código Sanitário do Estado (ACM, 23.4.1918, p.212). A partir do início de 1935, os proprietários de prédios de aluguel ficaram obrigados a requerer o "habite-se" perante a Inspetoria Sanitária de Franca todas as vezes que o prédio fosse alugado. Com isso, o prédio somente deveria ser liberado para ocupação após a vistoria das autoridades sanitárias (*Comércio da Franca*, 3.2.1935, p.4).

O combate aos estabelecimentos considerados insalubres e aos hábitos rurais da população

Ao lado de engenheiros e bacharéis em direito, os médicos – "homens da ciência" –, portadores do saber especializado moderno, adquiriram grande importância nas cidades cafeicultoras do interior paulista, motivo pelo qual muitos chegaram a ocupar cargos públicos relevantes na administração municipal desses centros urbanos em transformação. A meteórica ascensão política do médico baiano José Luiz dos Santos Pereira em Franca é bastante reveladora da importância conferida a esses "ilustrados" pela sociedade urbana que emerge nas cidades do café.

Após formar-se pela Faculdade de Medicina de Salvador em 1882, Santos Pereira mudou-se para Franca, onde passou a exercer a profissão de médico e a escrever, como colaborador, diversos artigos sobre higiene no progressista jornal *O Nono Districto*. Em 1896, foi eleito vereador e escolhido pela Câmara para exercer a função de intendente municipal, cargo que ocupou até 1898, quando foi novamente eleito vereador (Souza, 1998).

MODERNIZAÇÃO URBANA NA *BELLE ÉPOQUE* PAULISTA 75

Foi atribuído aos médicos o poder de julgar as condições de salubridade dos locais e decidir sobre as medidas a serem tomadas. Nesse sentido, em 1889, a Câmara Municipal de Franca já solicitava ao presidente da Província de São Paulo a nomeação de um dos médicos da cidade para ocupar o cargo, recém-criado, de inspetor da higiene pública, também denominado delegado da higiene, "afim de poder auxiliar a esta Camara em tudo que fór atinente ao estado da saude publica e bôa hygienne da cidade" (ACM, 14.3.1889, p.80-80v). Para essa função, foi nomeado o Dr. Antônio Joaquim dos Santos. No ano de 1899, em razão de esse cargo estar vago e não haver verba pública disponível para a contratação de um médico, o Dr. Santos Pereira passou a exercer essa função gratuitamente (ACM, 16.1.1899, p.63-63v).

Em várias decisões concernentes à higiene, a presença de uma comissão constituída por uma junta médica era solicitada. Segundo Silva (1984, p.155), a comissão assume uma significação importante no século XIX, na medida em que "garante, pela sua condição de agregar várias pessoas, a vitória da objetividade, ou seja, da consciência pluripessoal". Em 1895, a Câmara aprova a determinação contida no parecer de uma junta médica e autoriza o intendente a queimar o antigo lazareto de variolosos (ACM, 11.10.1895, p.141-141v). Em outro caso, referente à demolição de um curtume na cidade, a opinião de uma comissão formada por médicos é novamente reivindicada:

> proprietários do curtume ao pé do Cubatão, pedindo à Camara reconsiderar o seu acto da sessão de hontem, mandando demulir dito curtume. O Sr. Alvaro indicou que fosse nomeada uma commissão de medicos para examinar o dito curtume e verificar se o mesmo prejudica a salubridade publica. (ACM, 11.1.1895, p.98v-9)

Depois de tomar conhecimento do parecer da comissão médica, opinando para que não fosse permitida a permanência do curtume, em razão do perigo que este representa à saúde pública, os vereadores confirmaram sua decisão de demoli-lo.

Muitas vezes, no entanto, as resoluções tomadas pela Câmara Municipal eram inviabilizadas, ou justificadas, pela falta de verbas.

76 FRANSÉRGIO FOLLIS

Mesmo nessas circunstâncias, quando a questão envolvia a saúde pública, o não-cumprimento da decisão exigia uma justificativa que se fundamentasse no saber científico, o que demandava uma revisão do diagnóstico médico. Assim, após receberem um novo comunicado dos proprietários do curtume, reivindicando o pagamento da indenização, os vereadores decidiram enviar a mesma junta médica, que já havia dado o seu parecer sobre o caso, novamente ao local. Dessa forma, os médicos passam a opinar pela não-demolição do estabelecimento:

> em vista do parecer dos medicos dizendo que sendo tomadas as providencias ja especificadas nenhum mal causaria a saude publica, votava para que a Camara reconsiderasse o seu acto consintindo no funcionamento do curtume; e que alem disso a Camara tinha forçosamente de indenisar aos proprietarios do curtume os prejuizos que tenhão com a retirada do curtume do lugar onde esta e que os cofres municipais estão esgotados, não podendo a Camara fazer essas dispezas na quadra presente ... foi votado pela Camara que fosse conservado o dito curtume, porem, obrigando aos proprietarios a fazer o serviço do curtume com rigoroso aceio e desinfecção. (ACM, 9.3.1895, p.102v-3v)

A idealização de um meio urbano salubre passou a exigir também o investimento de verba pública na construção de prédios modernos para mercado e matadouro municipais. No início do último decênio do século XIX, Franca já possuía um Matadouro Municipal, localizado no prolongamento da Rua Saldanha Marinho, às margens do Córrego Cubatão. Porém, a cidade ainda encontrava-se desprovida de Mercado Municipal, edifício que já compunha a paisagem urbana das mais importantes cidades brasileiras. Assim, a construção de um prédio para essa finalidade passou a ser considerada uma obra de grande necessidade não só para o abrigo e conforto dos consumidores e comerciantes que se reuniam ao ar livre no Largo do Mercado, como também para a melhoria das condições sanitárias em que era efetuado esse comércio. Outro motivo apontado como justificativa para a sua construção era o aumento das rendas

MODERNIZAÇÃO URBANA NA *BELLE ÉPOQUE* PAULISTA 77

municipais que esse novo estabelecimento podia proporcionar por meio da locação de suas repartições aos comerciantes.

Em 1896, após a aprovação pela Câmara da planta da obra e de um orçamento de oito contos e duzentos e setenta e cinco mil réis, apresentados pelo intendente Dr. Santos Pereira, a "Casa do Mercado" pôde então ser edificada. O local escolhido para recebê-la foi o próprio Largo do Mercado.

A partir de meados da década de 1900, a construção de novos prédios para o mercado e matadouro passou a ser solicitada pelos administradores municipais e pela imprensa. Os antigos prédios já não mais satisfaziam às necessidades higiênicas e de conforto requeridas pela elite francana. Para o vice-prefeito Bento Teixeira, "os proprios actuaes (Mercado e Matadouro) não correspondem absolutamente aos fins a que se destinam", assim, seria bom que a Câmara autorizasse a construção de novos mercado e matadouro "nos moldes daquelles que conheceis em outras cidades adiantadas" (*Tribuna da Franca*, 13.2.1913, p.2). As duas notas que transcrevemos a seguir refletem bem a opinião da classe dominante local a respeito desses dois prédios públicos:

> O pessimo lugar onde se acha elle edificado (o Matadouro), as suas acanhadas dimensões, o facto de ficar em uma das entradas mais importantes da cidade, bastariam, si não houvessem outros motivos de maior relevancia, para determinar o acerto da mudança.
>
> Para isso não é mister ser-se abalisado hygienista e possuir-se de largos estudos a respeito das causas que originam os grandes males que de continuo flagelam á humanidade ... para que se possa determinar com segurança os graves inconvenientes que póde trazer á saúde publica um matadouro constituido sem as precisas regras e condições hygienicas. (*Tribuna da Franca*, 25.3.1905, p.1)

> O actual matadouro é uma velharia em contraste com o progresso esthetico e hygienico desta terra, qual verme asqueroso entre as petalas de uma rosa.
>
> E o mercado? Parece incrivel, Franca não no tem!
>
> É sensivel lacuna que felizmente em breve deixará de existir. (*Comércio da Franca*, 11.12.1920, p.1)

Em 1921, depois de a municipalidade ter acertado o financiamento das construções do mercado e matadouro municipais, orçadas em 140 contos de réis, com o "Banco Francez para o Brasil", e aceitado a proposta do empreiteiro paulistano Prudente Noel, a única apresentada, foram então iniciadas as obras.

O Mercado Municipal foi construído no mesmo largo que abrigava o antigo, demolido no início de 1921 (ver Figura 16). Para o redator do *Tribuna da Franca* (23.10.1921, p.2), o prédio era uma "obra de incontestavel valor, não só architectonico, mas tambem de conforto e hygiene, rivalisante dos melhores de outras cidades paulistas". Esse prédio foi demolido na década de 1950 e em seu lugar construiu-se uma rodoviária. A parte de baixo do terreno recebeu um novo mercado. Esses dois edifícios foram derrubados nos anos 80. Atualmente, no antigo Largo do Mercado funciona o moderno terminal de ônibus urbano Airton Senna, inaugurado em 2001.

O matadouro foi edificado no "Alto do Bairro da Estação", área onde, no final dos anos 20, a municipalidade efetuou o loteamento da Vila Santos Dumont. A escolha de um local distante do centro da cidade para a construção desse estabelecimento público deve-se ao pensamento vigente na época de que os matadouros eram focos potenciais de "miasmas".

Em nome da higienização, a Câmara Municipal de Franca passou a proibir a criação de animais no território urbano, uma vez que a desejada "cidade moderna" teria que se diferenciar do meio rural também nas suas atividades. Assim, a vida na urbe passou a exigir mudanças de hábitos já bastante arraigados entre a população. Em dezembro de 1898, os vereadores aprovaram uma lei que, além de proibir a criação de porcos, carneiros, cabritos e vacas no centro da cidade, exigia que estes fossem abatidos no Matadouro Municipal (ACM, 10.12.1898, p.29v). No ano seguinte, foi aprovado um projeto autorizando, apenas aos "cortadores", a engorda de porcos nas proximidades do Matadouro. Em 1914, a lei que proibia a criação de animais soltos foi estendida para os bairros compreendidos dentro de um raio de seis quilômetros a partir do centro.

MODERNIZAÇÃO URBANA NA *BELLE ÉPOQUE* PAULISTA   79

A presença de animais na cidade negava o preço comercial do produto. A concessão do direito de produção a um determinado grupo, "os cortadores" e a delimitação de um lugar para criação e abate de animais, além de facilitar a cobrança de impostos e a fiscalização concernente à higiene desses locais, possibilitavam ao Poder Público um maior controle sobre o abastecimento de carne na cidade. Os animais apreendidos nas ruas da cidade ficavam retidos em um depósito localizado na Praça Coronel Francisco Martins (área atualmente ocupada pela Escola Dr. Júlio Cardoso). Após a publicação do edital na imprensa, o proprietário tinha cinco dias para pagar a multa e retirar o animal; findado esse prazo, o animal era leiloado pelo Poder Público.

Em 1906, a municipalidade passou a combater também a circulação de cachorros no meio urbano. Nesse ano, foi aprovado um projeto proibindo a perambulação de cães pela cidade e autorizando a intendência a pagar quinhentos réis à pessoa que capturasse cachorros "vadios" e os entregasse no depósito municipal. De acordo com essa lei, os cães ficariam apreendidos pelo prazo de 24 horas, período durante o qual poderiam ser retirados pelos proprietários mediante o pagamento de uma multa de vinte mil réis. Esgotado esse prazo, eles seriam sacrificados. Em 1912, o *Tribuna da Franca* (1º.12.1912, p.1) publicou o seguinte:

> O Código Municipal, como perfeitamente deveis saber, prohibe terminantemete no seu artigo 733 que vague pelas ruas da cidade qualquer animal das especies vaccum, cavallar, muar, suina, canina e outras analogas, dedicando, além disso, um capitulo especial aos cães, pelo perigo immediato que de sua permanencia pelas ruas póde advir para a segurança publica.
>
> Tudo isso, porém, tem sido letra morta, pois que as ruas andam cheias de canzoada vagabunda e mais de uma victima já se tem recolhido ao Instituto Pasteur para tratar-se contra a infecção da raiva.
>
> As outras especies de animaes prohibidas pelo Codigo tambem vagam imprunemente pelo perimetro urbano da cidade.

Esse artigo deixa evidente a grande dificuldade enfrentada pela municipalidade para coibir a circulação de animais domésticos no

80 FRANSÉRGIO FOLLIS

espaço urbano. A criação de animais para fornecimento de carne e leite fazia parte da economia de subsistência que há muito tempo vinha contribuindo para a sobrevivência da população mais pobre da urbe. A polêmica em torno da lei que proibia a criação de porcos no perímetro urbano é bastante elucidativa a esse respeito.

Discutindo o artigo 62 do Código de Posturas em vigor no ano de 1889, o qual proibia a criação e conservação de suínos na cidade, o vereador Vassimon reivindicou à Câmara a permissão para os moradores poderem criar dois ou três porcos em chiqueiros forrados e bem-conservados, pagando uma taxa de cinco mil réis à municipalidade, visto estarem "os preços os mais excessivos como do toucinho e mais viveres", e em razão de existirem "dentro da cidade muitos chiqueiros com porcos sem ter para isso os seus donos a competente licença, e que fiado neste principio entendia ser tolerado" (ACM, 24.12.1889, p.26-26v). Em 1896, o vereador Tarcia colocou-se contra uma indicação, efetuada por um outro edil, para que a Câmara suprimisse a lei que permitia a conservação de até dois porcos nos quintais das casas, argumentando que sua aprovação "viria trazer na quadra actual serios embaraços e até mesmo odiosidades para a Municipalidade" (ACM, 8.4.1896, p.171).

A preocupação do vereador Tarcia com a reação dos moradores nos revela que a população manifestava, de certa forma, a sua insatisfação, não aceitando passivamente o que lhe era imposto pelo Poder Público local. O relato do vereador Vassimon deixa claro que a população não respeitava as normas que proibiam a criação de porcos na cidade, e que, na prática, havia até mesmo uma tolerância por parte dos fiscais municipais, uma vez que existiam "dentro da cidade muitos chiqueiros". Numa vistoria efetuada em agosto de 1915, os fiscais sanitários intimaram vários proprietários que estavam criando suínos nos seus quintais (*Tribuna da Franca*, 1°.8.1915, p.1). Em abril de 1932, numa operação de averiguação realizada pela Delegacia de Saúde de Ribeirão Preto em Franca, foram removidos vinte porcos dos quintais de residências localizadas em pleno centro da cidade (*Tribuna da Franca*, 17.4.1932, p.1).

Assim, o Poder Público municipal não restringiu sua ação apenas sobre os locais da cidade considerados insalubres. Amparado pela propalada ideologia da higienização, o governo municipal procurou combater também os hábitos tradicionais da população que, segundo os ideais de modernidade defendidos na virada do século, prejudicavam a configuração de um perfil urbano moderno.

Figura 16 – Mercado Municipal, construído em 1921, e Rua General Telles nos anos 20. Ao fundo, antigo grupo escolar (MHMF, foto 1, álbum 4).

4
O EMBELEZAMENTO DA CIDADE

Além do ideal de higienização e de racionalização do espaço urbano, a haussmanização trazia consigo também uma nítida preocupação com o embelezamento da cidade, configurado na construção de parques e praças ajardinadas e monumentais edifícios de arquitetura moderna.

Assim, se a cidade barroca foi a precursora das largas avenidas e das formas arquitetônicas grandiosas, a Paris de Haussmann deu ao mundo a mais espetacular inovação urbana em termos de embelezamento: os bulevares. Pontuados de belas praças ordenadas e de edifícios públicos suntuosos, os bulevares parisienses compunham "um todo estritamente organizado como um cenário minuciosamente constituído" (Salgueiro, 1995, p.201).

O Rio de Janeiro se espelhou em Paris, e também construiu o seu bulevar: a Avenida Central. Implantada sobre os escombros de velhas construções coloniais e pontuada por edifícios públicos imponentes, essa avenida se transformou num marco da modernização implementada por Pereira Passos na cidade. Segundo Needell (1993, p.61), nada expressa melhor a *Belle Époque* carioca do que essa avenida, pois:

> A Capital Federal possuía agora um bulevar verdadeiramente "civilizado" – duas muralhas paralelas de edifícios que refletiam o máxi-

84 FRANSÉRGIO FOLLIS

mo de bom gosto existente – e um monumento ao progresso do país. Os cartões-postais mostravam que determinados prédios particulares, como o do *Jornal do Commercio*, atraíam a atenção geral, mas a imaginação popular era dominada pelo conjunto de edifícios públicos localizados na extremidade sul da avenida: o Teatro Municipal (1909), o Palácio Monroe (1906), a Biblioteca Nacional (1910) e a Escola Nacional de Belas-Artes (1908), graças à magnífica vista das fachadas proporcionadas pela própria avenida. Estes efeitos nada tinham de acidentais.

No ideário dessa *Belle Époque* carioca, que se inicia no final do século XIX, uma cidade bela era indício de riqueza, prosperidade e civilização. Assim, as preocupações com o embelezamento do Rio já se faziam presentes antes mesmo da abertura da Avenida Central, denotadas na legislação municipal relativa aos jardins públicos, praças e arborização das ruas e na imposição de normas ao setor privado, como a obrigação de caiar, pintar, reformar e limpar os imóveis em todas as faces visíveis da via pública (Pechman & Fritsch, 1985).

Acompanhando as mudanças ocorridas nos grandes centros urbanos brasileiros na virada do século XIX para o século XX, os administradores municipais das cidades cafeicultoras do Oeste Paulista incorporaram esse ideal de embelezamento. Em Franca, os esforços da municipalidade nesse sentido se concentraram, mais especificamente, em torno de dois objetivos básicos: o ajardinamento das principais praças públicas e a construção de suntuosos prédios de estilo moderno.

O ajardinamento dos principais largos

Em nome do embelezamento, em fins do século XIX, a Câmara Municipal de Franca começou a reservar e a desapropriar terrenos que deveriam ser utilizados para a construção de jardins públicos, o que nem sempre acontecia, visto que muitas vezes essas áreas foram doadas para construção de prédios públicos estaduais e até mesmo loteadas e vendidas a particulares.

MODERNIZAÇÃO URBANA NA *BELLE ÉPOQUE* PAULISTA 85

O primeiro logradouro ajardinado da cidade foi a Praça Barão da Franca. Em 1901 foi decorada com canteiros arborizados e caminhos de terra batida, recebendo também, numa das suas laterais, um coreto de formato retangular. Antes da obra, o largo contava apenas com algumas árvores plantadas por iniciativa particular do Sr. Caetano Petraglia em 1895. No início da década de 1930, os passeios dessa praça foram calçados e a vegetação arbustiva retirada, permanecendo apenas as árvores e o obelisco comemorativo da elevação de Franca a vila, colocado no local em novembro de 1929 (ver Figuras 17 e 18).

Por ser considerado o principal largo de Franca, o Largo da Matriz (atual Praça Nossa Senhora da Conceição), área onde se localizavam as igrejas de Nossa Senhora da Conceição e do Rosário e os mais expressivos sobrados da cidade, recebeu uma atenção especial por parte da municipalidade.

Já em 1892, com o objetivo de aformosear esse logradouro, o intendente Fernando Vilela de Andrade firmou contrato com o engenheiro Modesto Olímpio Teixeira Brandão para a execução de uma grande obra no local. Esse melhoramento tinha como objetivo ajardinar o largo em toda a sua extensão, ou seja, ao redor da antiga Igreja Matriz; edificar um grande pavilhão na parte central da praça, onde, segundo o contrato, seriam construídas uma biblioteca municipal e várias dependências destinadas "a jogos prometidos, divertimentos de senhoras, bilhares, *rink*, cafés, restaurante e a todas as outras espécies de recreios e diversões compatíveis com a civilização e fins a que se destina o jardim, que é o embelezamento da cidade", que gozariam de isenção dos impostos municipais e outras regalias durante o prazo de trinta anos. Além disso, seriam construídos também dez quiosques de "vinte palmos sobre vinte" e destinados ao comércio de bebidas finas, "champagne, cognacs, àguas minerais, vermouths e em geral molhados finos", lenços finos, brinquedos para crianças, álbuns, objetos de luxo, charutos, cigarros e "apetrechos para fumantes", artigos finos para homens, objetos de luxo para senhoras e "tudo que for referente à armarinhos ... à quinquilharia, bijouteria, ourivesaria, e relojoaria" (Santos, 1993). No en-

86 FRANSÉRGIO FOLLIS

tanto, a Fábrica Paroquial embargou a obra, visto que o referido largo fazia parte do patrimônio religioso herdado pela Igreja quando da criação da Freguesia em 1805. Com isso, em 1893 a Câmara rescindiu o contrato com o engenheiro. Acreditamos que as divergências entre a conservadora Igreja local e a Câmara Municipal, no que se refere à execução de obras nesse espaço, contribuíram para que a praça permanecesse sem nenhum tipo de melhoramento até meados da primeira década do século XX.

Até 1906, o Largo da Matriz se resumia a um extenso descampado dividido ao meio por uma trilha de terra batida, a Rua Marechal Deodoro, e ocupado apenas pela Velha Matriz e pelo Relógio do Sol (ver Figura 19). Nesse ano, a municipalidade contratou o Sr. Paulo Motta para ajardinar a parte do largo compreendida entre a Rua Marechal Deodoro e a Rua Saldanha Marinho, área frontal à nova matriz que começou a ser erguida em 1893. Em 15 de novembro de 1909, a Câmara inaugurou esse jardim. De estilo eclético, essa praça foi dotada de caminhos curvilíneos e de uma passarela central que interligava a velha matriz à nova. No centro, construiu-se um coreto de madeira, o primeiro do largo, e as laterais foram decoradas com dois espelhos d'água contendo chafarizes (Qüeen, 1986, p.52) (ver Figuras 20 e 21). O comentário efetuado no dia 18 de março de 1906 pelo jornal *Tribuna da Franca* (p.1) a respeito desse serviço evidencia, de maneira elucidativa, como os ideais de embelezamento e higienização justificavam o emprego do dinheiro público:

> Essa idéia que tem sido unanimente [sic] apreciada é na verdade digna dos maiores encomios, porque *satisfazendo uma necessidade sob o ponto de vista do Bello, corre evidentemente para melhorar as boas condições de hygiene publica,* pois que ninguem ousará contestar que o largo de N. Senhora da Conceição, tal qual se achava, alem de attestar contra os nossos creditos de povo civilizado, poderia originar damnos não pequenos á saúde publica, attentas á lama, matto e aguas estagnadas que de ordinario cobriam toda a extensão da bella praça. (grifos do autor)

Nos anos subseqüentes, a elite local começou a planejar a demolição da antiga matriz e o complemento do ajardinamento da praça

MODERNIZAÇÃO URBANA NA *BELLE ÉPOQUE* PAULISTA   87

até a Rua da Estação (atual Voluntários da Franca), área detrás da velha igreja que, nas primeiras décadas do século XIX, era utilizada como cemitério. Em 1911, houve uma sugestão para se construir o prédio do novo Paço Municipal no largo. Porém, as obras projetadas para o local continuaram a sofrer a interferência do clero francano, incomodado ainda pela lembrança do projeto proposto em 1892.

Quando em fevereiro de 1913, a Matriz Velha foi transferida para os domínios da municipalidade, os párocos locais colocaram algumas cláusulas no contrato que acabaram restringindo a liberdade de ação dos administradores municipais. Nessas cláusulas, determinou-se o local onde poderia ser construído "um coreto ou herma" e destinou-se o terreno apenas para a construção de um jardim. Objetivando alargar a Rua Saldanha Marinho no trecho em frente à nova matriz, os eclesiásticos exigiram também um recuo de 34 metros para dentro do jardim. Segundo o jornal católico *O Aviso da Franca* (8.6.1924, p.1), esse alargamento seria para destacar a beleza da nova catedral e facilitar o trânsito de carros em dias de grande movimento.

Em 1922, a Companhia Lidgewood do Brasil construiu um coreto ortogonal em alvenaria exatamente no local indicado pelos clérigos, na área antes ocupada pela velha matriz demolida em 1913. Essa obra foi doada à municipalidade pelo coronel Francisco de Andrade Junqueira. Com a construção desse coreto, o de madeira foi destruído (ver Figura 22).

Em 1927, o poder municipal autorizou o início de uma obra que transformaria radicalmente a paisagística do local com a demolição do antigo jardim e o ajardinamento do largo em toda a sua extensão. Segundo o jornal *Comércio da Franca* (março de 1927), essa reforma teve o projeto "moldado nos das capitaes, com illuminação profusa, de modo que dará um lindo aspecto ao centro da 'urbs'". O espaço da praça foi ampliado com o fechamento da Rua Marechal Deodoro e a união das duas quadras antes separadas por essa via. Do antigo jardim, sobraram apenas o coreto, o Relógio do Sol e o monumento contendo a Estátua da República e a herma do coronel Francisco Martins situada atrás da antiga igreja, próxima à Rua da Estação. Toda a vegetação foi retirada e a praça recebeu um novo traçado

88 FRANSÉRGIO FOLLIS

com caminhos curvos e retilíneos e um novo elemento arquitetônico, o caramanchão. Os bancos de madeira foram substituídos pelos de cimento, doados por fazendeiros e grandes comerciantes de Franca e região. A iluminação foi modernizada com novos postes dotados de luminária circular na ponta. Contudo, o grande destaque ficou por conta da arborização composta por arbustos em formas geométricas, animalescas e humanas, cuidadosamente podados pelo jardineiro José Dias da Costa. Tal projeto paisagístico foi elaborado pelo arquiteto francês J. E. Chauviére com base nos preceitos do estilo "rococó francês" (Qüeen, 1986, p.55) (ver Figura 23). Em 1933, o *Tribuna da Franca* (19.2.1933, p.2) fez o seguinte comentário a respeito desse jardim:

> Franca pode vangloriar-se de possuir o mais bello jardim publico do interior, pois, sem favor nenhum, o jardim de nossa praça principal é o mais moderno, florido e bem tratado entre todos seus congeneres das cidades do interior.

Em 1939, a prefeitura promoveu a troca da grama dos canteiros por uma espécie de folhas mais largas e resistentes, devastou parte de sua densa vegetação e mandou plantar hortênsias em toda a extensão da praça. Em meados da década de 1950, a praça foi novamente remodelada e adquiriu as características atuais: piso de pedras portuguesas, fonte luminosa e concha acústica.

A Praça Nove de Julho, antigo Largo das Magnólias, foi outro logradouro central que recebeu um desenho paisagístico na década de 1930. Nesse período, foi embelezado por meio de canteiros simétricos gramados e pequenas árvores. O destaque decorativo ficou por conta do grande monumento em homenagem aos combatentes francanos da Revolução Constitucionalista de 1932, inaugurado em 1938 (ver Figura 24). Segundo Romero (1976), nas cidades latino-americanas em transformação era comum erigir monumentos aos heróis nas principais praças públicas, como as estátuas de San Martín e Bolívar em várias cidades da América espanhola, as de Alvear e Sarmiento em Buenos Aires, a de Juárez no México, a de Santander em Bogotá e a de Tiradentes no Rio.

MODERNIZAÇÃO URBANA NA *BELLE ÉPOQUE* PAULISTA 89

No orçamento para o ano de 1938, a Câmara aprovou uma verba de dez contos de réis para ser aplicada no ajardinamento de mais dois largos localizados na área central da cidade, a Praça do Cemitério (atual Praça Carlos Pacheco de Macedo) e a Praça Coronel Francisco Martins (área atualmente ocupada pelos prédios da Cia. Paulista de Força e Luz e Caixa Econômica Estadual) (ACM, 15.9.1937, p.106v).

Até meados da década de 1930, os investimentos destinados ao ajardinamento dos largos da cidade beneficiaram exclusivamente as praças do núcleo central de Franca, visto que os logradouros da Estação e da Cidade Nova, bairros já bastante povoados nessa época, não foram atingidos pelos projetos urbano-paisagísticos. Conforme observa Qüeen (1986, p.106), a praça João Mendes, surgida no início da década de 1890, na confluência do centro com o Bairro Cidade Nova, "viveu mais de meio século sem vegetação e equipamentos, um terreno para a circulação de veículos e pedestres".

Na última década do século XIX, o Largo da Estação, que em 1929 passou a se chamar Praça Sabino Loureiro, ainda era utilizado como curral de embarque de gado pela Companhia Mogiana. Em 1908, o então prefeito, coronel Martiniano de Andrade, mandou construir um coreto de madeira e plantou algumas árvores no local (ver Figura 25). Apesar, porém, de ser o ponto de chegada dos viajantes que aportavam na estação ferroviária, essa praça somente recebeu um projeto urbano-paisagístico, com novo coreto de concreto e alvenaria em meados dos anos 30 (ver Figura 26). Executada pelo arquiteto oficial da cidade nesse período, o francês Chauviére, essa obra foi severamente criticada pelos políticos oposicionistas locais, visto que não era comum o direcionamento de verbas públicas para o ajardinamento de praças fora dos limites do centro. Em 1935, o jornal *A Tribuna* (3.3.1935, p.1) acusou os administradores municipais de executar esse serviço com fins políticos eleitoreiros:

> Parece-nos, e com franqueza dizemos, que aquelle punhado de pedras atirado alli, nada mais servio do que para propagandas políticas, para discursos com muita musica e foguetes, morte de um inocente, e de

guindaste para elevar ao poder certos arruaceiros, amancebados e sedentos de collocação, ao lado do Sr. Getulio Vargas, aquelle que elles tentaram depor.

O ajardinamento da Praça Sabino Loureiro está inserido em um novo contexto histórico que se faz notar em Franca a partir do final dos anos 30. O desenvolvimento industrial vivenciado pela cidade nesse momento trouxe como conseqüência um grande crescimento da população urbana. Em razão disso, aumentou a preocupação dos políticos francanos em levar alguma melhoria para os bairros populares e, com isso, aliciar votos da emergente classe operária, que agora já começava a se desvincular do controle pessoal exercido pelos chefes políticos locais por meio do patriarcalismo e do clientelismo.

A imposição de normas ao setor privado e o incentivo à construção de prédios "elegantes"

Na visão da elite dominante francana, a constituição de uma cidade "elegante" deveria se dar também pela substituição dos antigos prédios de estilo colonial por edifícios de arquitetura moderna. Assim, ao lado de outros elementos, a proliferação de suntuosas casas pelo espaço urbano representava o progresso material e o desenvolvimento econômico da cidade. O *Tribuna da Franca* (11.3.1937, p.1) expressou esse pensamento da seguinte forma:

A nossa velha Franca é cidade decididamente prospera. Não se alinha ella na lista das "urbs" decadentes nem mesmo estacionarias e, sim, de franco florescimento.

Por toda a parte se erguem palacetes que vão a pouco e pouco enfeitando as suas ruas, enchendo os claros de onde desapparecem os velhos muros centenários de terra pilada. As suas ruas vão sendo forradas de paralellepipedos; construções de moderno gosto architectonico chamam aqui e ali a attenção dos forasteiros despreocupados.

Assim, a ideologia do embelezamento passou a justificar a imposição de normas cada vez mais rígidas às construções privadas e, até mesmo, a criação de novos impostos municipais, como o tributo que

MODERNIZAÇÃO URBANA NA *BELLE ÉPOQUE* PAULISTA **91**

passou a ser cobrado, a partir de 1908, sobre passeios sem calçamento em ruas ensarjetadas e a taxa de 50% sobre o imposto predial que, a partir de 1900, começou a ser exigida de todos os proprietários de prédios que mantivessem escadas ou desnível em suas calçadas. Em resposta a um abaixo-assinado de diversos moradores pedindo a revogação dessa taxa, a Comissão de Finanças da Câmara argumentou o seguinte: "Quanto a revogação do addicional dos 50% a conmissão é de parecer que a Camara não deve attender, tendo em vista o embelezamento da cidade" (ACM, 13.11.1927, p.67-67v.).

Com o objetivo de compor um novo cenário para Franca, semelhante àquele visualizado nas cidades mais importantes do país, em 1896 a Câmara mandou contratar com a um engenheiro o feitio de três plantas de casas, obrigando aqueles que desejassem construir ou reconstruir seus prédios a fazê-los de acordo com os três modelos disponíveis. A resposta da Comissão de Obras Públicas da Câmara Municipal, que transcrevemos a seguir, ao comerciante Thomás da Costa, que requeria uma licença para ampliar os quiosques que possuía nos largos da Aclamação (Praça Barão da Franca) e da Alegria (Praça Nossa Senhora da Conceição), evidencia bem esse desejo: "A comissão entende que o aumento nos Kiosques não pode ter lugar porque seria destoar dos uzos de todas as gd<u>e</u>s [grandes] cidades do Pais, onde as Camaras concedem o uso de Kiosques" (LRDP, 21.9.1887, não pag.).

Além das leis referentes à altura, à largura e ao alinhamento das residências térreas e dos sobrados e a regulamentação quanto às medidas e aos tipos de portas, janelas, beirais e muros frontais, as Posturas de 1890 estabeleceram novas leis ao setor privado, dentre as quais podemos destacar a proibição de construir casas de meia-água e escadas nas calçadas e a obrigação de calçar os passeios onde houvesse sarjetas e de caiar os muros e a frente das casas, assim como pintar as portas, as janelas e os beirais uma vez a cada dois anos.

Amparado por essa legislação, o Poder Público local começou a reprimir, por meio de multas e ordens de reconstrução e demolição, os proprietários de prédios que não cumpriam, a seu ver, os preceitos referentes à "solidez" e à "estética". Em 1890, o fiscal municipal recebeu ordem para mandar Francisco da Silva Espíndula "demolir sua casa, que fica abaixo da Cadeia, no prazo de 30 dias. E também avisar outro cidadão a reconstruir a frente de sua casa, localizada na rua Municipal esquina da rua Santa Cruz, no prazo de 30 dias" (ACM, 24.3.1890, p.46v-47). Em 1894, o fiscal informou que, apesar de ter embargado a construção de uma casa na "rua abaixo da Misericordia", o proprietário continuava a obra. A Câmara, então, pediu para o intendente "cumprir a Lei Municipal mandando multar ao dito proprietário e demulindo a casa a sua custa" (ACM, 7.4.1894, p.69v). Em fins de 1905, o fiscal José Rosendo solicitou a demolição de uma casa localizada na Rua Couto Magalhães, "o que foi promptamente obedecido e executado" pelo proprietário (LRDP, 18.12.1908, não pag.). Em resposta a um morador que pedia para ampliar sua residência na Rua do Carmo (atual Campos Sales) mediante a construção de cômodos "com altura inferior a 18 palmos", a Câmara negou a concessão "por ser contraria não só a lei como ao embelezamento da cidade" (ACM, 20.9.1890, p.68-68v).

Ameaçados pelas multas e ordens de demolição, os proprietários de prédios urbanos, sobretudo do centro, local mais vigiado pelo Poder Público e pela imprensa da cidade, passaram a requerer alvarás de licença até mesmo para as pequenas modificações de suas casas, como a substituição de portas por janelas.

O Código Municipal de 1910 impôs regras mais rígidas e detalhadas às construções das casas, muros e calçadas, estabelecendo também um regulamento mais enérgico para a demolição ou reconstrução das obras consideradas "ruinosas". Em 1912, o vice-prefeito Bento Teixeira Sampaio publicou um edital determinando um prazo de sessenta dias para a demolição ou reconstrução "dos predios, muros e edificios de quaesquer especie em estado de ruinas" (*Tribuna da Franca*, 31.3.1912, p.2). Em apoio a essa resolução, o *Tribuna da Franca* (21.4.1912, p.1) fez o seguinte comentário: "Alem do dever que occorre de attenderem as prescripções da lei, acreditamos que os proprietarios correrão de boa vontade ao encontro dos desejos que tem a administração municipal de melhorar o aspecto geral da cidade".

MODERNIZAÇÃO URBANA NA *BELLE ÉPOQUE* PAULISTA   93

Em 1914, o prefeito concedeu noventa dias de prazo para a reconstrução dos portões que não estivessem de acordo com as disposições do artigo 264 do Código Municipal de 1910 que rezava o seguinte: "Os portões que derem entrada para quintaes ou terrenos no *perimetro central*, deverão ter a altura minima de 2^m, 20, guardando-se a proporção da largura, sendo pintadas a oleo as portadas e folhas" (grifos do autor).

Assim como essa lei, outras normas identificadas mais estreitamente com a decoração dos prédios, como a obrigatoriedade de construir tipos específicos de calçadas e de colocar platibandas nas casas, eram aplicadas exclusivamente na região compreendida pelo "perímetro central", ou seja, o velho centro. Em 1938, após ter sido intimado pelos fiscais municipais a fazer o calçamento em frente à sua casa localizada na Rua Dr. Júlio Cardoso em vinte dias, José Carlos do Nascimento, alegando falta de condições financeiras, solicitou à prefeitura a prorrogação do prazo para 120 dias (LRDR, 4.4.1938, não pag.).

Acreditamos que essas obrigações impostas aos moradores da região central da cidade, aliadas a outros fatores que ainda serão abordados, acabaram dificultando a permanência e a instalação das camadas mais pobres da população nessa área, provocando assim a fuga desses desprovidos para os bairros periféricos onde as exigências quanto ao embelezamento, à higienização e à racionalização do espaço citadino eram menores e menos fiscalizadas. Além disso, as infrações cometidas em áreas distantes do centro eram também mais toleradas pelos administradores municipais.[1]

Além de exigir o cumprimento das leis elaboradas para embelezar a cidade, o Poder Público local passou também a incentivar a participação dos moradores nesse sentido. Em abril de 1912, com o

---

1 Em 1889, a Câmara aprovou o parecer da Comissão de Obras Públicas favorável à continuação de uma obra no final da Rua Municipal, alegando que, apesar de estar "contra as determinações das posturas que regem este municipio", a casa está localizada "em rua excessivamente acanhada" e quase deserta (ACM, 15.3.1889, p.83v; 16.3.1889, p.83v).

94 FRANSÉRGIO FOLLIS

firme propósito de dotar a urbe de prédios novos e modernos, a Câmara Municipal aprovou uma lei isentando do imposto predial urbano – fixado em cinco mil réis anuais –, por um prazo de cinco anos, as casas que fossem construídas com "valor locativo nunca inferior a trezentos e sessenta mil réis por anno" (*Tribuna da Franca*, 18.4.1912, p.2). O período estabelecido para vigorar essa lei foi de cinco anos. Nesse mesmo mês, a prefeitura aumentou esses benefícios ao retirar também as taxas de alinhamento e nivelamento. Para conceder essas isenções, o Poder Público exigia a apresentação da "planta" da casa a ser construída, na verdade, um croqui bem-desenhado em que o pretendente procurava destacar a riqueza dos detalhes arquitetônicos da construção (ver Figura 33). No ano seguinte à promulgação dessas leis, um jornal francano comentou a importância dessa iniciativa pública para o surgimento de prédios modernos na cidade:

> Assim é que em quasi todas as praças e ruas estão se edificando solidos e vistosos predios, uns destinados a residencias particulares, outros apropriados para estabelecimentos commerciaes.
>
> As reconstrucções dos velhos predios vão dia a dia augmentando-se, remodelando assim a nossa cidade, que agora já não nos apresenta o tristonho aspecto de cidade antiga. Todos os predios que estão em reconstrucção, obedecem o estylo da architectura moderna.
>
> Em parte, cabe a nossa edilidade esse movimento que ahi vemos, pois ella votando uma lei que isenta do imposto predial pelo praso de cinco annos a todo aquelle que construir dentro da cidade, muito tem contribuido para esse notado e animador movimento.
>
> Não obstante a escassez de material, a qual já vae fazendo sentir os seus effeitos, e o grande augmento de seu custo, não obstante, diziamos, a tudo isto, as novas edificações e reconstruções proseguem, sujeitando os interessados a importação desse material por preço carissimo.
>
> Nada menos de 90 predios estão a concluir suas obras.
>
> É, pois, com satisfação que vemos esse movimento que óra se opéra em pról do engrandecimento desta terra, que incontestavelmente progride. (*Tribuna da Franca*, 10.4.1913, p.1)

Vencido o prazo de cinco anos estabelecido pela lei de isenção de imposto predial promulgada em 16 de abril de 1912, em 1917 a Câmara prorrogou a sua validade para mais três anos, estendendo os seus benefícios também para os distritos do município. Em 1920, o valor locativo mínimo exigido para se ter direito à isenção do imposto predial passou de trezentos mil réis para oitocentos mil réis anuais, o que significava um aluguel de 66.066 réis mensais, quase o dobro do preço máximo estipulado pela prefeitura para as casas de aluguel construídas para a "classe operária" nesse mesmo ano, que era de 35 mil réis por mês (ACM, 10.8.1920, p.85-6).

Salientando a carência de moradias e o alto preço dos aluguéis na cidade, em 1920 a Câmara aprovou uma lei estimulando também a construção de casas de menor valor para serem alugadas às classes mais pobres:

> Art. 1 – A Camara Municipal de Franca concederá isenção de todos os impostos municipaes, pelo praso de vinte annos, em favor dos proprietários que fizerem edificar, neste Municipio em sitios escolhidos de accordo com a Prefeitura e na conformidade das plantas que forem aprovadas, grupos de, pelo menos, quatro casas cada um, obedecendo ás precisas condições hygienicas e destinarem taes casas a serem alugadas por preço não excedentes a trinta e cinco mil réis mensaes cada uma. (*Tribuna da Franca*, 15.8.1920, p.2)

Por tratar-se da construção de casas populares, a municipalidade reservou para si o direito de escolher o lugar onde deveriam ser edificadas tais residências, evitando assim a construção de prédios simples e pequenos nas imediações do centro da cidade.

Os incentivos fiscais promovidos pela municipalidade acabaram beneficiando apenas os membros da classe dominante francana, pessoas que tinham condições de investir capital em grupos de casas populares para locação ou em "elegantes" prédios de estilo moderno.

Em meados dos anos 30, a sociedade francana já se orgulhava da grande transformação embelezadora ocorrida no centro da cidade, mais especificamente na sua principal praça pública, a Praça Nossa Senhora da Conceição. A beleza visualizada nessa praça se evidencia-

96 FRANSÉRGIO FOLLIS

va, sobretudo, no conjunto formado pelo seu belo jardim, seus grandes e pomposos palacetes, suas grandes lojas decoradas por vitrinas iluminadas e pelos luminosos coloridos que enfeitavam a frente de várias casas comerciais. Em uma nota intitulada "Embellezameto", o jornal *Comércio da Franca* (29.9.1935, p.4) assim se expressou a esse respeito:

> O embellezameto da cidade de Franca está se fazendo sentir visivelmente, com as construções de novos e magnificos palacetes, reforma de predios, calçamentos, ajardinação e tudo o mais. A Praça N. S. da Conceição ufana-se de ser a mais bella praça da cidade. E é nella, nessa linda praça, que mais se faz sentir a metamorphose. Hoje é um edifício que se estende e se dobra ao longo de uma esquina, elevando-se e se alargando numa linha magestosa, dando aspecto empolgante á sua fachada. Amanhã é outro edifício que cahe para dar logar a palacete trez vezes mais bonito e mais caprichoso. Aqui é um predio velho que se modifica remoçando-se todo por vergonha de estar ao lado de um predio novo. São as vitrines que apparecem illuminadíssimas, embaralhando a vista, com seus mostruarios feitos com cuidado e affeição. São os "luminosos" que surgem, piscapiscando, colorindo alegremente as ruas, alegrando o aspecto da "urbs". Faz bem aos olhos da gente e causa bôa impressão aos visitantes. São innumeras as casas de commercio que assim procedem, visando com isso tornarem-se mais conhecidas, contribuindo indirectamente para o melhor aspecto da cidade.

A participação do Poder Público local na construção dos grandes monumentos: o Hotel Francano e o Teatro Santa Maria

Em Franca, a escassez de recursos não permitiu que a municipalidade desprendesse vultosas somas para a construção ou a aquisição de grandes edifícios públicos.

Até o findar do século XIX, de conformidade com a tradição colonial, a Câmara e as demais repartições municipais continuaram funcionando, juntamente com o fórum, no pavimento superior do

MODERNIZAÇÃO URBANA NA *BELLE ÉPOQUE* PAULISTA 97

prédio onde também permaneciam instalados, no térreo, a cadeia e o corpo da guarda. Em 1900, a reforma desse velho sobrado, construído em 1852 no terreno atualmente ocupado pelo edifício da Agência do Correio Central, era vista como uma obra de imprescindível urgência. No entanto, esse serviço somente foi executado em 1902, quando se decidiu transferir todas as escolas municipais da cidade para o referido edifício. Para isso, o engenheiro Joaquim Mariano de Amorim Carrão, empossado no cargo de intendente municipal, "levantou uma linda planta, de modo que com pequeno sacrifício para os cofres municipaes, o velho casarão do Largo Municipal se tranformará dentro em breve, n'um elegante edificio" (*Tribuna da Franca*, 18.1.1902, p.2). Em 1911, ano em que o prédio passou a ser totalmente ocupado pelo Grupo Escolar do Estado, foi realizada uma nova reforma geral que alterou a fachada do prédio. Essa modificação deu-se em razão da substituição dos largos beirais de estilo colonial pelas platibandas que encobriam o telhado, estilo moderno que, a partir de 1917, como já observamos, o Poder Público passou a exigir do setor privado.

Em 1902, a cadeia e o destacamento policial, assim como o fórum, já estavam funcionando no novo edifício construído pelo governo estadual no final da década de 1890. Trata-se do prédio atualmente ocupado pelo Museu Histórico Municipal de Franca "José Chiachiri" (ver Figura 27). A cadeia nova, assim chamada na época, desde a sua inauguração, em 1899, já vinha sofrendo severas críticas da imprensa francana, que a considerava imprópria para a função de abrigar os presos, como podemos constatar nessa nota publicada por um periódico local em 1901:

> Se é certo que a cadeia velha não offerece, nas condições em que se acha, bastante segurança para a vida dos detentos, então acabe-se de vez com este estado de cousas e providencie-se seria e energicamente para a sua reconstrução uma vez que a nova, em que o Estado gastou improficuamente tão grande somma, não serve, nem jamais servirá, para os fins a que foi destinada, porque alem de pequena, resente-se da precisa segurança e na sua factura foram olvidadas as essenciaes condições recommendadas pela hygiene. (*Tribuna da Franca*, 22.6.1901, p.1)

98 FRANSÉRGIO FOLLIS

Com isso, a elite local começou a reivindicar perante as autoridades estaduais a construção de um prédio maior e mais adequado para servir de cadeia e a concessão do atual edifício da cadeia nova para a instalação da prefeitura e da Câmara Municipal. A esse respeito, o *Tribuna da Franca* (4.6.1911, p.1) fez o seguinte comentário:

> Ora, tendo o Estado de indemnisar a Camara pela parte que este occupa annexa ao Grupo Escolar, lembramos o alvitre de se pôr em execução esta salvadora medida: o Estado cederia á Camara a actual cadeia para o paço municipal, em vez do projecto auxilio, e construiria um predio novo para aquelle fim reunindo as condições de segurança, hyhiene e accomodações que não offerece o actual.
>
> O predio da cadeia está magnifico para o paço municipal, mediante pequeno serviço de adaptação.
>
> Dest'arte, estariam resolvidos dois problemas: um optimo edificio municipal e uma boa cadeia, em vez do matadouro da Praça do Carmo.

No final de 1911, a municipalidade entrou em acordo com o governo de São Paulo e efetuou a troca do velho casarão municipal pela cadeia nova, ficando também acertada a construção pelo Estado de um novo edifício para abrigar a cadeia e o fórum de Franca. Iniciada em 1913 pelo empreiteiro Giacomo de Giacomo no antigo Largo da Abadia, essa obra somente foi concluída em 1915. Atualmente, esse prédio ainda abriga a delegacia e cadeia do centro da cidade (ver Figura 28).

Depois de funcionar durante mais de dois anos em um prédio alugado, a Câmara Municipal se transferiu para o novo edifício adquirido do Estado em 1911. Em 1920, foi aberta a concorrência pública para a reforma do prédio, sendo concedida uma verba de treze contos de réis (ACM, 20.10.1920, p.97-8).

Com o objetivo de dotar Franca de todas as edificações próprias de uma cidade moderna, estabelecimentos luxuosos que a elite requeria para o seu desfrute pessoal, a municipalidade passou a estimular a participação do capital privado nesses empreendimentos. A idealização de uma Franca ornamentada por um luxuoso teatro e um monumental hotel levou o poder municipal a conceder vários

MODERNIZAÇÃO URBANA NA *BELLE ÉPOQUE* PAULISTA   99

privilégios à iniciativa privada. Assim, a construção das mais expressivas edificações a evidenciar a riqueza e o esplendor da *Belle Époque* francana ficaria a cargo da abastada classe dominante local. Para os ricos membros da alta sociedade francana, o antigo Teatro Santa Clara, inaugurado no dia 4 de abril de 1874, não estava "à altura do progresso" de Franca. Assim, esse prédio passou a ser alvo das reclamações da imprensa local que criticava, entre outras coisas, a sua "pessima esthetica e falta de hygiene e commodidades" (*Tribuna da Franca*, 13.6.1909, p.1). Objetivando solucionar esse problema, no início do século, a municipalidade adquiriu esse teatro e, em 1912, realizou sua remodelação priorizando a reconstrução de sua fachada frontal. Acompanhando as tendências dos grandes centros urbanos, a municipalidade modificou o seu nome para Teatro Municipal, mesma denominação dos teatros públicos do Rio e de São Paulo (ver Figura 29).

Nem mesmo a remodelação do velho "Santa Clara", entretanto, fez o Poder Público abandonar a idéia de dotar a cidade de uma casa teatral moderna. A primeira tentativa ocorreu em 1913, quando a Câmara doou um terreno na Praça Barão da Franca para Gustavo Martins de Cerqueira e Chrysogono de Castro construírem um "theatro de estylo moderno". O prédio foi erguido pela empresa cinematográfica Muniz & Cunha, sua nova proprietária, e recebeu o nome de Teatro Santa Maria. O relato efetuado pelo jornal *Cidade da Franca* no dia da inauguração, 14 de julho de 1913 (apud *Comércio da Franca*, 12.12.1940), demonstra o fascínio que essas casas de diversão provocavam nos francanos nesse período:

> E justíssimas razões tinha o povo na porfia de entrar, porque na boca de cada espectador que saía das entranhas profusamente iluminadas do "Santa Maria", ouvia-se uma palavra de elogio e admiração pelo que lá dentro via.
>
> Um dizia – "retiro-me com pezar"; outro – "que nitidez nunca vista de fitas"; outro ainda – "que recinto encantador!".
>
> Eram essas as apreciações destacadas que vinham gravar no coração de cada um que esperava convencer-se de que lá dentro tudo divinizava.

No início dos anos 20, os administradores municipais voltaram a requerer uma nova casa teatral para Franca. No plano de melhoramentos urbanos apresentado pelo prefeito Torquato Caleiro em 1922, a construção de um teatro aparece como uma obra de grande importância para "completar o embelezamento da cidade". Em 1923, a Câmara concedeu isenção de todos os impostos municipais, subvenção de dez contos de réis e instalação de água e rede de esgoto gratuita para o empresário cinematográfico José Rebello Muniz terminar a construção de uma casa teatral na cidade. Em troca, a Câmara exigiu, entre outras coisas, a execução completa da planta do edifício e a sedição gratuita deste para a realização de "festas de reconhecida caridade" (ACM, 18.6.1923, p.238-9). Tratava-se do novo edifício do Teatro Santa Maria, concluído em 1924 com capacidade para mil e quatrocentas pessoas (ver Figura 30). Os seus camarotes tornaram-se então centros convencionais de reunião da elite francana, locais reservados onde os seus membros podiam ver e ser vistos. Apesar de totalmente alterado, esse prédio existe até hoje no calçadão da Rua Marechal Deodoro, centro da cidade. Atualmente abriga uma casa dançante.

No início dos anos 20, a construção de um grande e luxuoso hotel na região central da cidade passou a ser a obra mais desejada pela classe dominante francana. Na visão dos "barões do café", a urbe necessitava de um monumental hotel que expressasse, por meio de sua ostentação, a prosperidade de Franca. Em razão disso, a imprensa local começou a cobrar a ação dos administradores municipais nesse sentido, uma vez que Ribeirão Preto, referência regional para as cidades da Alta Mogiana, e até mesmo centros menores que Franca, como Bebedouro, já possuíam tal melhoramento:

> Em Ribeirão Preto que é uma cidade também longe da capital, há hotéis-modelos com refeitorios tendo mezinhas separadas – typo restaurant, quartos numerosos e hygiênicos com agua encanada em cada um delles. Aqui há uma deficiência digna de ser lastimada. Em Bebedouro há hotéis que possuem mais de 50 quartos e é uma cidade que não se pode comparar a Franca ... mas como os nossos capitalistas parecem não se quererem decidir a isto acho que a prefeitura deveria tomar a pei-

MODERNIZAÇÃO URBANA NA *BELLE ÉPOQUE* PAULISTA 101

to e construi-lo por conta propria, arrendando-o depois a particulares. (*O Alfinete*, 19.4.1923)

Para Torquato Caleiro, a construção de um hotel "condigno" com o progresso da cidade se tornara uma obra inadiável (ACM, 19.4.1926, p.353). Assim, a elite local conseguiu transferir para o poder público municipal a responsabilidade por esse empreendimento.

Em março de 1928, a imprensa francana publicou uma lei, decretada em 21 de janeiro desse mesmo ano pela Câmara Municipal de Franca, oferecendo várias vantagens "á Empresa que se organizar nesta cidade, para a construção de um hotel moderno", tais como: isenção dos impostos municipais e de taxa de água e rede de esgotos durante vinte anos e a doação de uma área de mil metros quadrados no centro da Praça D. Pedro II em troca de ações da firma no valor de vinte contos de réis. Como condição, a municipalidade exigia um edifício "de primeira ordem, com a maxima hygiene, dispondo de quarenta quartos, no minimo e seis apartamentos".[2]

A publicação dessa lei pela imprensa, no entanto, foi mera formalidade, uma vez que os membros da elite dominante francana já haviam se associado e fundado uma firma para construir o edifício, batizado como "Hotel Francano". Dentre os acionistas dessa empresa, encontravam-se os vereadores capitão José Fernando Peixe, Firmino Netto, e o autor da lei, major Torquato Caleiro; o presidente da Câmara, coronel Francisco Andrade Junqueira; além de outros chefes políticos locais. A administração da empresa foi concedida ao coronel Virgínio Pereira dos Santos, ocupante do cargo de diretor-presidente; coronel João G. Conrado, como vice-diretor; coronéis Francisco Barbosa Ferreira e Bernardo Avelino de Andrade, diretores substitutos; Hygino Caleiro Filho, Luiz Pinto Bastos Ju-

---

2 Lei n.236 (apud *Tribuna da Franca*, 4.3.1928, p.2). Para viabilizar a doação da área da Praça D. Pedro II à empresa Hotel Francano S.A., a Câmara Municipal aprovou, por unanimidade de votos um projeto autorizando a prefeitura a fazer as despesas necessárias para a obtenção da escritura do terreno perante a Fábrica da Igreja, a proprietária do imóvel (ACM, 11.4.1929, p.452).

102 FRANSÉRGIO FOLLIS

nior e coronel João Alberto de Faria, na função de conselheiros fiscais; e Eduardo Rocha, Euphrausino Martins Coelho e Agnello de Lima Guimarães, como suplentes do Conselho Fiscal. O entusiasmo em torno desse empreendimento foi explicitado na série "Notas e Factos" do jornal *Tribuna da Franca* (11.3.1928, p.1):

> O "Hotel Francano Sociedade Anonyma" é já um facto consummado.
>
> Pelas informações que obtivemos de pessoa ligada àquella grande empresa, as obras terão inicio em breves dias, o que quer dizer que, em tempo não muito largo teremos o prazer de contemplar na Praça Barão do Rio Branco (Largo da Misericordia) o bello edificio do novo hotel, ostentando as suas quatro magestosas fachadas á admiração dos nossos visitantes.
>
> Como já aqui dissemos, o adeantamento da nossa urbs resentia-se por demais dessa sensível lacuna, um moderno hotel, onde os nossos hospedes viessem encontrar os necessarios conforto e hygiene.

Além dos privilégios previstos em lei, vários outros foram conseguidos durante o período de construção. A área cedida foi duplicada para dois mil metros quadrados. Em 1929, a Câmara concedeu isenção de impostos e taxas de água e rede de esgotos, pelo prazo de dez anos, para a construção da garagem do edifício e subvenções para o ajardinamento e iluminação da Praça D. Pedro II. É bom esclarecer que os bens públicos eram considerados inalienáveis pela Constituição Federal, e que, além disso, a lei que regulamentava a construção do hotel estabelecia que o ajardinamento da praça era uma obrigação da empresa e não da prefeitura (*Tribuna da Franca*, 4.3.1928, p.2).

A concessão desses privilégios à firma Hotel Francano S.A. é bastante elucidativa da forma pela qual a elite dominante local se utilizava da esfera pública em benefício próprio. Os mandatários locais usavam seu poder político e econômico para conseguir a aprovação de projetos vinculados aos seus interesses privados. O relato do coronel Ferreira Costa, registrado na Ata da Câmara Municipal do dia 9 de janeiro de 1895 (p.97), ilustra bem a ocorrência dessa prática em Franca. Nesse documento, o coronel, que também era vereador, registrou um protesto em defesa da Câmara, destacando o seguinte: "contra fallas que por ahi algures na cidade fallarão calumniando a Camara que ella deixava de cumprir o seu dever zelando do Municipio, que era Câmara de compadres e que só zelava dos interesses destes!".

Inaugurado em 1929, o Hotel Francano transformou-se na "menina dos olhos" da elite francana, símbolo mais expressivo da modernização urbana de Franca (ver Figura 32). Considerado pela imprensa local como o mais moderno hotel do interior paulista, esse edifício dispunha das seguintes acomodações:

> Em seu pavimento superior haviam [sic] 34 quartos, um grande terraço com bar ao ar livre além de um grande salão de reuniões. No primeiro pavimento havia 18 quartos, uma barbearia, um grande salão de jantar, a lavanderia, um bar, copa anexa à cozinha com despensa e frigorífico, uma rouparia, o Salão Nobre de Festas – o famoso Salão Rosa –, o Salão dos viajantes e o grande hall. (Bentivoglio, 1996, p.85)

Nos seus luxuosos salões, a sociedade francana promovia seus bailes e festas, ocasiões em que exibia seus finos trajes e jóias valiosas a fim de imitar os requintados hábitos franceses disseminados pela elegante elite das grandes cidades brasileiras. Apesar de alguns protestos em prol de sua preservação, o Hotel Francano foi demolido em 1981, construindo-se em seu lugar o atual edifício do Banco Itaú.

Figura 17 – Praça Barão da Franca focalizada do topo da Confeitaria Galvanesi. Primeiro largo ajardinado de Franca (1901). Foto da década de 1910 (MHMF, foto 50, álbum 1).

Figura 18 – Em primeiro plano, Praça Nossa Senhora da Conceição. Ao fundo, a Praça Barão da Franca, remodelada no início dos anos 30, com o obelisco comemorativo da emancipação político-administrativa do município (1824), colocado no local em novembro de 1929. Foto tirada por volta de 1935 (MHMF, foto 18, álbum 1).

Figura 19 – Praça Nossa Senhora da Conceição em 1900. Em primeiro plano, Rua Marechal Deodoro (trilha de terra); à esquerda, Rua Major Claudiano e Colégio Nossa Senhora de Lourdes; à direita, Relógio do Sol; ao fundo, a atual Igreja Matriz em construção. Foto tirada em frente à Matriz Velha (MHMF, foto 1, álbum 1).

Figura 20 – A recém-inaugurada Praça Nossa Senhora da Conceição em 28 de novembro de 1909, dia de festa comemorativa do 85° aniversário da cidade. Ao centro, a velha matriz. Foto tirada em frente à atual Igreja Matriz (MHMF, foto 7, álbum 1).

Figura 21 – Praça Nossa Senhora da Conceição em 28 de novembro de 1909. Em destaque, coreto de madeira, o primeiro dessa praça. Ao fundo, atual Igreja Matriz em construção (MHMF, foto 2, álbum 1).

Figura 22 – Praça Nossa Senhora da Conceição, fotografada do topo da Igreja Matriz em 1922. Ao centro, o Relógio do Sol, a Rua Marechal Deodoro, separando as duas partes da praça, e o coreto em alvenaria em construção na área antes ocupada pela velha matriz demolida em 1913. À direita, destacam-se os atuais prédios do Museu Histórico e da cadeia (MHMF, foto 25, álbum 1).

MODERNIZAÇÃO URBANA NA *BELLE ÉPOQUE* PAULISTA 107

Figura 23 – Praça Nossa Senhora da Conceição após a remodelação iniciada em 1927 em que a praça foi ajardinada em toda a sua extensão. Foto do início dos anos 30, tirada do topo da Igreja Matriz. Ao fundo, prédio da Companhia Francana de Eletricidade, mais tarde demolido para ali ser construído o atual prédio da Caixa Econômica Estadual (MHMF, foto 6, álbum 1).

Figura 24 – Praça Nove de Julho e antigo grupo escolar por volta de 1940 (MHMF, foto 64, álbum 1).

Figura 25 – Largo da Estação (atual Praça Sabino Loureiro), com coreto de madeira e arborização executados na administração do prefeito coronel Martiniano de Andrade em 1908. Em primeiro plano, Rua General Carneiro (MHMF, foto 49, álbum 4).

Figura 26 – Praça Sabino Loureiro no final dos anos 30. Ao centro, coreto em alvenaria e concreto construído em meados da década de 1930. Ao fundo, antigos casarões e a Igreja São Sebastião ainda sem a torre (MHMF, foto 47, álbum 1).

Figura 27 – Antigo prédio que abrigava a cadeia e o fórum. Inaugurado em 1899. Em 1911, passou a abrigar a prefeitura e a Câmara Municipal. Atual Museu Histórico de Franca "José Chiachiri". Foto do início do século XX (MHMF, foto 17, álbum 4).

Figura 28 – Prédio da cadeia e fórum, inaugurado em 1915 no antigo Largo da Abadia (MHMF, foto 11, álbum 4).

Figura 29 – À direita, Teatro Municipal (antigo Teatro Santa Clara), inaugurado em 1874 e remodelado em 1912. Localizado na Rua do Comércio, Praça Barão da Franca (MHMF, foto 52, álbum 1).

Figura 30 – Teatro Santa Maria em 1935 (MHMF, foto 13, álbum 4).

MODERNIZAÇÃO URBANA NA *BELLE ÉPOQUE* PAULISTA   111

Figura 31 – Fotografia tirada do topo da Igreja Matriz em 1927. Ao centro, prédio da Santa Casa de Misericórdia, recém-concluído, e terreno da Praça D. Pedro II, local onde depois foi construído o Hotel Francano. Ao fundo, vista do Bairro Santa Cruz (MHMF, foto 4, álbum 2).

Figura 32 – Hotel Francano em 1954, inaugurado em 1929 e demolido em 1981 (MHMF, foto 27, álbum 4).

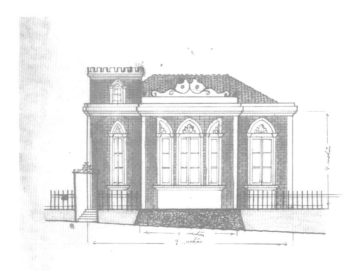

Figura 33 – Croqui apresentado à Câmara Municipal de Franca em 1915 para obtenção de isenção de imposto predial por contribuir para o embelezamento da cidade (MHMF, Livro de Registro de Diversos Requerimentos, c.72, v.486).

Figura 34 – Praça Nossa Senhora da Conceição em 1935. À esquerda, palacete que pertenceu ao médico Dr. Gusmão. À direita, o edifício da antiga Escola Normal (MHMF, foto 21, álbum 1).

MODERNIZAÇÃO URBANA NA *BELLE ÉPOQUE* PAULISTA 113

Figura 35 – Vista da Rua Major Claudiano, esquina com a Rua Voluntários da Franca, no início dos anos 30. Destaque para o requinte dos detalhes arquitetônicos dos sobrados do centro. O segundo e o terceiro edifícios já foram demolidos (MHMF, foto 8, álbum 3).

5
A IMPLANTAÇÃO DOS SERVIÇOS URBANOS MODERNOS E A EXCLUSÃO SOCIAL NA CIDADE

O abastecimento de água e a implantação da rede de esgotos

Modernizar a cidade também significava provê-la de todos os serviços públicos que desde a época de Haussmann vinham sendo desenvolvidos para resolver os problemas decorrentes da concentração urbana. Dentro dessa lógica, o serviço de água encanada, elemento imprescindível à boa higiene, assumiria uma real primazia. A nota que transcrevemos a seguir expressa, de maneira elucidativa, a importância conferida a esse melhoramento em Franca:

> A Franca é, não ha [que] negar, uma terra que, se não possue todos os melhoramentos proprios de uma cidade que goza dos fóros de cidade civilizada, tem entretanto, caminhado a passos largos para a conquista geral dos mesmos.
>
> E é incontestavel, não padece duvida, que um dos factores do progresso de um povo, de que elle absolutamente não pode prescindir é a canalisação d'água. (*Tribuna da Franca*, 31.8.1901, p.1-2)

O abastecimento de água constituiu o principal problema de Franca no período aqui estudado. O fato de a aglomeração urbana estar concentrada em regiões elevadas, como o topo da colina central (área ocupada pelo centro e Cidade Nova) e o da colina do oeste (re-

116   FRANSÉRGIO FOLLIS

gião do Bairro da Estação), e a ausência de uma grande fonte d'água perto da cidade causaram grandes dificuldades à implantação desse serviço público.

Não dispondo de verba suficiente para captação de grandes mananciais, a municipalidade acabou optando pela canalização gradual das pequenas nascentes próximas ao sítio urbano, o que tornou o serviço bastante dispendioso aos cofres municipais. Além disso, a execução das obras de abastecimento por pessoas não habilitadas e a diminuição em demasia da vazão d'água das nascentes nos meses de seca foram responsáveis por um abastecimento muito deficiente.

Entre dezembro de 1888 e início de 1889, a municipalidade contratou o engenheiro civil Antônio Pereira Caldas para levar água de uma nascente situada em uma chácara localizada no antigo Campo da Forca até os largos centrais da cidade. O reservatório desse abastecimento foi construído no terreno onde atualmente se encontra o prédio da prefeitura. Em março de 1889, respondendo à solicitação de pagamento efetuada pelo Sr. Caldas, a Comissão de Obras Públicas da Câmara emitiu o seguinte parecer:

> acham-se funccionando as torneiras do pateo do Forum; do Largo de Santa Ephigênia [atual terreno do Edifício da Caixa Econômica Estadual e Prédio da CPFL], e o repucho no Largo da Acclamação [atual Praça Barão da Franca]. As demais torneiras não funccionão actualmente.
>
> Em vista disto a Câmara aprova o pagamento apenas do "repucho" por ser este o único que esta funcionando (200$000) e que não se pague o restante enquanto as torneiras não estiverem funcionando e instaladas de acordo com o contrato. (ACM, 18.3.1889, p.90v).

Em maio desse mesmo ano, a Câmara aprovou a rescisão do contrato firmado com o engenheiro, argumentando que o serviço de canalização foi muito malfeito e que o profissional deixara a obra inacabada (ACM, 5.10.1889, p.15e-15f). Dessa forma, a população continuou a valer-se da água de cisternas e do trabalho dos chamados "aguadeiros", pessoas que buscavam água nas fontes próximas à cidade em barris e tonéis para vender aos moradores.

MODERNIZAÇÃO URBANA NA *BELLE ÉPOQUE* PAULISTA 117

Em 1892, o vereador Tibúrcio Silva fez um apelo para que a Câmara empregasse "todo o esforço afim de em breve tempo realizar-se a canalização d'água poutável para esta cidade, considerando um dos mais palpitantes melhoramentos para à população" (ACM, 1º.10.1892, p.6). Em 1893, a Câmara Municipal aprovou um parecer da Comissão de Justiça opinando para que fosse efetuado um empréstimo junto ao governo do Estado para a execução das obras de abastecimento de água na cidade (ACM, 3.8.1893, p.42v). No ano seguinte, salientando a necessidade de criar-se uma verba para ser usada na canalização de água, os vereadores aprovaram a instituição de um novo imposto municipal. Em 1895, foi enviado um ofício ao Congresso Estadual solicitando uma verba de 120 contos de réis para ser usada na construção de uma rede de abastecimento de água (ACM, 24.4.1895, p.112v-3).

Sem obter os empréstimos reivindicados e a verba necessária para suprir as reais necessidades da cidade, em agosto de 1895 a Câmara resolveu aceitar uma proposta efetuada pelo vereador major Antônio Nicácio da Silva Sobrinho de levar água até o Largo da Matriz (atual Praça Nossa Senhora da Conceição), mediante a utilização de bombas d'água, por preço não superior a um conto e quinhentos mil réis. Para armazenar a água e servir à população, o proponente construiu um chafariz no referido largo.

No ano seguinte, a municipalidade concedeu privilégio de vinte anos para o major Nicácio explorar o serviço de abastecimento de água junto aos particulares com a condição de, vencido esse prazo, ser o serviço transferido ao Poder Público municipal em perfeito estado de funcionamento e sem nenhuma indenização. De acordo com o contrato, o concessionário ficou obrigado a fornecer, mediante a subvenção de cinco contos de réis anuais, dez chafarizes nos locais que a Câmara determinasse e uma "pena d'água" à cadeia pública da cidade (LRDP, 10.1.1896, não pag.; ACM, 10.1.1896, p.152).

Em 1897, foi inaugurado o reservatório de água da Empresa Nicácio no quarteirão compreendido entre as ruas Santos Pereira e Francisco Barbosa (atual campo de futebol do Palmeiras de Franca). Até 1899, haviam sido entregues oito chafarizes à servidão pú-

118 FRANSÉRGIO FOLLIS

blica. Nesse ano, em razão da morte do major Antônio Nicácio, os serviços foram paralisados. Em 1902, a municipalidade encampou a empresa e reformou suas instalações. A respeito dessa reforma, o intendente Álvaro Abranches Lopes assim se pronunciou:

> O antigo abastecimento d'agua, adquirido da Empresa Nicacio, teve de ser melhorado, com grande dispendio de dinheiro, devido ao máo estado em que se achava.
> O respectivo reservatório chegou a ficar completamente estragado, de modo a não reter a agua recebida, tornando-se necessario o revestil-o de cimento, de novo. A canalização da mesma agua, pelo systema anteriormente feito, não só não permittia a passagem de toda a agua do manancial, como perdia-se tambem grande quantidade della pelas denominadas ventosas, que a pratica demonstrou não offerecer vantagem alguma, pelo que foram desmanchados e ligados os canos, directamente da nascente ao reservatorio. (*Tribuna da Franca*, 15.10.1903, p.2)

O encanamento da nascente denominada Nicácio direcionou-se para o abastecimento exclusivo do centro. Em razão de sua insuficiência, em dezembro de 1902 a municipalidade inaugurou um novo abastecimento na cidade, a Água Taveira. Para a execução dessa obra, a Câmara autorizou o intendente a contrair um empréstimo de cinqüenta contos de réis a juros de 12% ao ano (ACM, 3.10.1902, p.41v). Captada nos terrenos do capitão Joaquim Alves Taveira Sobrinho e armazenada num reservatório no alto da Santa Cruz, esse serviço também priorizou a região central, permanecendo o Bairro da Estação e a parte alta da Cidade Nova desprovidos de água encanada.

Até 1909, essas duas nascentes abasteciam apenas 420 casas das 1.300 existentes na cidade.[1] No início desse ano, o engenheiro civil Joaquim M. de Amorim Carrão conseguiu aumentar as instalações particulares no centro e na Cidade Nova e levar água até o Bairro da Estação por meio da captação da nascente denominada Garcia e da

---

1 Esse número se refere apenas às casas dos bairros Centro, Cidade Nova, Coqueiros e Estação (cf. "Relatório sobre água e esgotos...", 1909, p.39).

MODERNIZAÇÃO URBANA NA *BELLE ÉPOQUE* PAULISTA   119

reforma da canalização da Taveira. A cidade passou então a ser abastecida por três fontes d'água: Nicácio, Taveira e Garcia. Apesar disso, o abastecimento continuou bastante deficiente, sobretudo nos meses de estiagem, quando o volume das nascentes diminuía muito. Em 1913, a falta de água levou o prefeito Bento Teixeira Sampaio a estabelecer um racionamento na cidade. De acordo com o comunicado desse prefeito, todas as vias da Cidade Nova, o Largo do Mercado e as ruas Dr. Jorge Tibiriçá, Major Claudiano, Campos Salles e Misericórdia não teriam água das 7 às 17 horas, enquanto a outra área abastecida ficaria sem água no outro turno, ou seja, das 17 às 7 horas (*Tribuna da Franca*, 16.10.1913, p.2).

Em setembro de 1912, a Câmara Municipal assinou contrato com o engenheiro José Maria Mendes Gonçalves para o aumento do fornecimento de água e o estabelecimento de uma rede de esgotos em Franca. Iniciadas em 1913, essas obras só foram concluídas em 1916 e custaram aos cofres públicos 570 contos de réis. Para o abastecimento, foi captada, por meio de bombas elétricas, a água de uma fonte na propriedade denominada Pouso Alto, fazenda próxima a Covas (atual Bairro Miramontes), e construídos uma nova rede de distribuição e um reservatório com capacidade para dois milhões de litros, acima da estação ferroviária. Não obstante ter aumentado as instalações, o fornecimento de água ainda continuou precário sobretudo nos bairros da Estação e Cidade Nova.

Quanto à rede de esgotos, a área delimitada no projeto inicial para receber esse melhoramento foi diminuída pela prefeitura e acabou beneficiando apenas o centro e a Rua da Estação (atual Voluntários da Franca). Para o tratamento dos dejetos coletados, foi construída uma estação de tratamento nos terrenos da chácara de José Antônio de Paula, na confluência dos córregos Cubatão e Bagres (região próxima ao atual Posto Galo Branco). Em janeiro de 1917, havia na cidade 634 prédios abastecidos com água e rede de esgotos, e duzentos somente com água. Nesse ano, o número de prédios urbanos já ultrapassava dois mil. No início de 1923, a rede de esgotos de Franca passou a servir 736 prédios particulares (*Tribuna da Franca*, 18.2.1923, p.2).

120 FRANSÉRGIO FOLLIS

Entre 1923 e 1935, a prefeitura ligou outros mananciais à rede de abastecimento de água sem, no entanto, ampliar a região atendida. Assim, até fins dos anos 30, bairros já bastante povoados estavam não só desprovidos de rede de esgoto, como de água encanada. O populoso Bairro da Estação possuía rede de esgotos apenas na Rua Dr. Jorge Tibiriçá e um abastecimento de água bastante deficiente. Em 1935, um jornal local fez a seguinte observação: "bairros da Apparecida, Santos Dumont, Estação e Chico Júlio, hoje absolutamente sem agua" (*Tribuna da Franca*, 31.1.1935, p.1). Em 1933, o jornal *Tribuna da Franca* (23.7.1931, p.1) salientou a necessidade de ampliação desses serviços, argumentando o seguinte:

Com o desenvolvimento continuo da cidade, já se tornam deficientes esses serviços publicos. Há alguns bairros em que a agua encanada e a instalação de esgotos são completamente falhas. É urgente o augmento da rede de exgoto e do abastecimento de agua, pois a falta ou deficiencia desses elementos entrava o progresso de Franca.

Em meados dos anos 30, aumentou também a preocupação com a potabilidade da água:

Indispensavel se torna, pois, que as cogitações e estudos para um novo abastecimento de agua sejam bem discutidos e ventilados, já quanto á qualidade do precioso liquido, já quanto á sua qualidade. Si duvidas pairam, agora, sobre a qualidade do elemento que nos desaltera, que o futuro fornecimento seja de inteira potabilidade, evitando assim os riscos de provaveis epidemias oriundas do uso de agua poluida. Si a sua escassez se faz sentir com graves consequencias para a saude publica, que a sua qualidade ou volume seja cinco ou seis vezes maior que o actual fornecimento. (*Tribuna da Franca*, 6.11.1936, p.1)

No início de 1937, o prefeito Antônio Barbosa Filho contraiu um empréstimo junto ao governo do Estado para a ampliação da rede de água e esgotos na cidade. Esse projeto previa a captação de água na cabeceira do Rio Salgado por meio de barragens, edificação de uma moderna estação de tratamento de água no Alto de Covas, reforma da antiga rede de esgoto e construção de tanques de cimento armado

MODERNIZAÇÃO URBANA NA *BELLE ÉPOQUE* PAULISTA   121

para o tratamento dos dejetos na confluência dos córregos Cubatão e Bagres. Tais serviços foram contratados junto à Companhia Geral de Obras e Construções S.A. (Geobra), que em junho de 1938 já havia concluído cerca de 70% das obras. Nesse ano, fontes consideradas poluídas, como a Nicácio, a Taveira e a Garcia, já haviam sido desligadas da rede de distribuição.

A rede de esgotos do centro foi ampliada até a Avenida Major Nicácio, via que divide a área central da urbe do Bairro Cidade Nova. No Bairro da Estação, esta se expandiu até as imediações do Grupo Escolar da Estação (atual Grupo Escolar Barão da Franca). A água encanada estendeu-se por uma área mais ampla, chegando até a Cidade Nova e a algumas ruas dos bairros Coqueiros, Cubatão, Vila Santos Dumont e Chico Júlio. A Vila Aparecida e o Bairro Boa Vista, além de outros bairros mais periféricos, continuaram totalmente desprovidos desses dois serviços públicos (*Comércio da Franca*, 12.12.1937, p.1). No começo de 1938, nenhum dos distritos de Franca possuía rede de esgotos, e apenas São José da Bela Vista era abastecido por um serviço de água encanada.

Os serviços de energia e iluminação elétrica, telefonia e calçamento das ruas

A primeira tentativa de dotar Franca de iluminação elétrica foi efetuada em 1901. Nesse ano, a municipalidade concedeu privilégio de vinte anos aos engenheiros Mário Eduardo de Avelar Brandão e Ignácio Pinheiro Paes Lemes para explorarem o serviço de iluminação pública e fornecimento de força e luz aos particulares. Um ofício enviado pelo vereador Octaviano Barretto à Câmara no mês seguinte a essa resolução e uma nota publicada pelo *Tribuna da Franca* em novembro desse mesmo ano, mês em que foi assentado o primeiro poste de iluminação pública na cidade no Largo da Alegria (Praça Nossa Senhora da Conceição), ilustram bem a importância conferida a esse empreendimento. O ofício foi feito nos seguintes termos:

122 FRANSÉRGIO FOLLIS

O abaixo assignado, membro dessa Municipalidade, vem por meio deste, apresentar aos seos dignos collegas, a sua adhesão e aplausos pela adeantada e progressiva medida que tomaram, em dotar a Franca com a illuminação electrica, unica capaz de satisfazer às exigências dos contribuintes e ao mesmo tempo capaz de levantar os fóros dessa cidade, como cidade civilizada que é. (ACM, 27.6.1901, p.103v)

A nota do jornal dizia:

Iniciamos assim os trabalhos de tão util melhoramento, é de supor-se que dentro de pouco tempo gosaremos dos benefícios desse admiravel agente de progresso e da civilização. (*Tribuna da Franca*, 23.11.1901, p.1)

É bem provável, no entanto, que o desinteresse dos particulares pela compra da energia elétrica fez que os empresários abandonassem os trabalhos de instalação dos equipamentos.[2] Em julho de 1902, baseados na cláusula contratual que estabelecia o prazo de seis meses para o início das obras, os vereadores aprovaram a rescisão do contrato com os concessionários (ACM, 5.7.1902, p.35).

Até 1904, a iluminação pública continuou a ser efetuada pelos lampiões belgas a querosene. No dia 9 de abril desse ano, a Companhia Paulista de Eletricidade, empresa sediada em Limeira que venceu a concorrência pública para o fornecimento de energia e iluminação elétricas em Franca, inaugurou esse serviço na cidade. Essa empresa forneceu à prefeitura trezentas lâmpadas para os prédios públicos e principais ruas centrais da cidade e seis "arcos luminosos" para os largos do centro ao preço de 32 contos e quinhentos mil réis anuais. Em 1907, os moradores da Cidade Nova reivindicaram à Câmara Municipal a instalação de algumas lâmpadas nas ruas do bairro, mas não foram atendidos (ACM, 31.10.1907, p.46).

---

2 Em abril de 1901, os concessionários fizeram um apelo para que os moradores requisitassem o serviço à empresa (*Tribuna da Franca*, 25.5.1901, p.2). Segundo o *Tribuna da Franca* (21.6.1902, p.1), a obra não se concretizou porque "o indifferentismo do nosso povo deixou só o luctador no campo rude do trabalho, e elle batido pela desillusão, teve de abandonal-o".

MODERNIZAÇÃO URBANA NA *BELLE ÉPOQUE* PAULISTA   123

Em 1910, apenas o centro e pequena parte do Bairro da Estação possuíam iluminação elétrica. Nesse ano, a prefeitura destinou algumas poucas lâmpadas para serem colocadas em áreas mais distantes da região central. Segundo a imprensa francana, o serviço da Companhia, além de caro aos cofres públicos, era de péssima qualidade. Em 1909, o *Tribuna da Franca* (11.3.1909, p.1) comentou o seguinte:

> Logo depois de installada, verificou-se o mau negocio que a nossa municipalidade havia ingenuamente feito, entregando, a uma empresa, com um contracto leonino, á exploração de energia electrica neste municipio por 20 annos!
>
> Começaram desde logo as irregularidades devidas á qualidade inferior dos materiaes e a defeitos basicos de ordem technica e de ordem natural topographica da installação da usina.
>
> E, entretanto, continúa a municipalidade pagando somma que chega a ser fabulosa á empreza hoje cessionaria desse contracto e desse privilegio.

Salientando a necessidade de solucionar esses problemas, a municipalidade passou a negociar a compra das instalações da empresa. Em outubro de 1910, depois de ver o Poder Público fracassar em várias tentativas, alguns membros da classe dominante local, interessados em investir capital nesse tipo de empreendimento, associaram-se e fundaram a Companhia Francana de Eletricidade.

Incentivado pelos acionistas dessa firma, imediatamente o Poder Público municipal adquiriu as instalações elétricas da Companhia Paulista de Eletricidade em Franca por 315 contos e 790 mil réis. Em 22 de dezembro de 1910, publicou no *Tribuna da Franca* o edital chamando concorrentes para a compra do serviço. No dia 31 desse mesmo mês, as instalações elétricas foram transferidas à Companhia Francana de Eletricidade, única empresa a apresentar proposta, pelo mesmo valor e condições de pagamento com que havia sido comprada pela municipalidade. A rapidez e o período em que foi efetuada essa transação evidenciam o interesse dos adminis-

124 FRANSÉRGIO FOLLIS

tradores municipais em favorecer os proprietários da Companhia Francana de Eletricidade.

De acordo com o contrato assinado com a prefeitura, a Companhia Francana de Eletricidade passou a ter o privilégio de explorar o fornecimento de energia elétrica particular durante o prazo de trinta anos. Em contrapartida, ela ficou obrigada a fornecer à prefeitura cinqüenta cavalos de energia elétrica gratuitamente e quinhentas lâmpadas de 32 velas para a iluminação pública a preço mais barato do que aquele cobrado pela antiga concessionária, ou seja, 25 contos de réis.

Em junho de 1911, a Câmara fez um acordo com a Companhia em que foi estabelecida a substituição das lâmpadas de 32 velas por dez de quatrocentas velas, quarenta de 350 de duzentas, todas para as praças do centro, e mais seiscentas para as ruas, metade de cem velas e metade de 32 velas. Além disso, a Companhia ficou obrigada a fornecer cem cavalos de força para a municipalidade utilizar no serviço de abastecimento de água da cidade. Por causa da demora na construção da nova usina hidrelétrica na Cachoeira do Esmeril, obra contratada junto à Companhia Paulista de Eletricidade, esses serviços somente foram efetuados em 1913.

Em 1912, após ter sido adquirido pela Companhia Francana de Eletricidade, o serviço telefônico da cidade, inaugurado nos primeiros anos do século, também foi reformado. No entanto, apesar da reforma, este ainda permaneceu bastante precário. Em 1913, o jornal *Tribuna da Franca* (30.8.1913, p.1) fez a seguinte observação:

> O nosso serviço telephonico está a reclamar uma providencia energica da parte do sr. Gerente da Companhia Francana de Electricidade.
> Sabido de todos é o estado deploravel em que sempre tivemos este ramo de serviço publico tão necessário.

Em 1938, a prefeitura de Franca assinou contrato com a Companhia Telefônica Brasileira. De acordo com esse contrato, a empresa ficou obrigada a modernizar a rede da cidade e a fornecer aparelhos telefônicos modernos aos assinantes. Em 1940, havia em Franca 629 aparelhos telefônicos.

MODERNIZAÇÃO URBANA NA *BELLE ÉPOQUE* PAULISTA 125

Em janeiro de 1919, a Companhia Francana de Eletricidade enviou um ofício à prefeitura comunicando um reajuste no preço da eletricidade e suspendendo o fornecimento gratuito da energia utilizada pela municipalidade nas bombas elétricas responsáveis pelo abastecimento de água à cidade. A respeito dessas alterações, o gerente da Companhia, Bráulio Junqueira, assim se pronunciou:

A Companhia, como se vê, não pretende onerar ninguem. Suspende concessões e favores, e mais nada; ella não pretende obrigar ninguem, e nem póde, a comprar a mercadoria; o que ella póde, e o faz, é pôr o preço que lhe convenha, e a que tenha direito, na sua dita mercadoria. (*Comércio da Franca*, 14.1.1919, p.2)

No início dos anos 30, a Companhia Francana de Eletricidade já havia sido incorporada pela Empresas Elétricas Brasileiras, firma norte-americana proprietária de várias companhias elétricas no Estado de São Paulo. Em decorrência dos vários aumentos nos preços das taxas de energia, que começaram a ser anunciados a partir de 1930, a imprensa francana passou a publicar extensos artigos criticando esses reajustes e exigindo a intervenção do Poder Público local no assunto. Para o *Comércio da Franca* (17.4.1932, p.1), "os norteamericanos compraram a Companhia Francana de Electricidade para auferir lucros e ganhar muito dinheiro e, assim, hão de ser os eternos escorchantes dos pobres brasileiros que gastam energia electrica". Em março de 1930, a prefeitura ofereceu assistência jurídica gratuita aos consumidores na defesa de seus direitos.

Em setembro de 1933, o prefeito de Franca enviou um ofício ao gerente da Companhia Francana de Eletricidade exigindo o cancelamento do aumento das taxas de energia elétrica anunciado. Nesse comunicado, o prefeito informou a sua pretensão de rescindir o contrato firmado com a empresa, "em vista de as Empresas Electricas Brasileiras imporem o augmento fóra do razoavel" (*Comércio da Franca*, 24.9.1933, p.1).

O apelo e a ameaça do prefeito, no entanto, não surtiram efeito. Em 4 de outubro de 1933, o aumento da tarifa da energia elétrica e as

126 FRANSÉRGIO FOLLIS

ameaças de corte do fornecimento por falta de pagamento provocaram um protesto popular na cidade que reuniu cerca de trezentas pessoas em frente ao Hotel Francano, local onde estava hospedado o gerente da Companhia Francana de Eletricidade. A revolta teve início quando os funcionários dessa Companhia desligaram a força da fábrica do industrial Mathusalem de Mello. Indignados com aquela atitude, algumas pessoas forçaram os funcionários a refazerem a ligação e depois iniciaram a manifestação. Segundo um jornal local, a revolta foi motivada "pelas exigencias descabidas da Comp. de Força e Luz" (*Tribuna da Franca*, 8.10.1933, p.2; 14.01.1938, p.1 e 4).

Os vários abaixo-assinados enviados à Câmara Municipal de Franca entre 1915 e 1923 pelos moradores dos bairros Boa Vista, Coqueiros, Cidade Nova e Vila Santos Dumont, solicitando a instalação ou a ampliação de iluminação pública, revelam-nos que, nesse período, esse serviço urbano ainda não havia beneficiado muitos dos bairros periféricos da cidade. Muitas vezes, a Companhia Francana de Eletricidade fornecia energia elétrica às casas situadas nessas áreas, sem, entretanto, instalar iluminação pública nas ruas e praças. Tal procedimento provocou um protesto na Rua da Outra Banda (atual Boa Vista), relatada da seguinte forma por um jornal francano:

> Precisamos ver, ter luz no Alto da Boa Vista, um bairro que tem direito á luz, como o bairro do matadouro novo, entrada da cidade pelo sul, na Mogyana, sendo Boa Vista a entrada da cidade pelo nórte, na mesma linha.
>
> Boa Vista paga imposto. E tem um estabelecimento industrial de primeira órdem, que paga uns 600$ de imposto, por anno: o Cortume Rio Branco.
>
> O povo do bairro (foi seo erro) não fez como o povo da rua da Outra Banda (correspondente á rua do Outro Mundo, em Batataes). O povo da rua mencionada, primitiva, avó das ruas da cidade, não admitio luz em casa, enquanto não houvésse luz na rua! Em casa, podia usar kerosene. O povo da Boa Vista, não. Agora, e há muito, clama.
>
> Quéro luz. Cinco ou seis lâmpadas só. (*Tribuna da Franca*, 9.10.1921, p.1)

MODERNIZAÇÃO URBANA NA *BELLE ÉPOQUE* PAULISTA   127

No final dos anos 30, o Bairro Boa Vista possuía apenas alguns postes de iluminação pública no Largo de São Benedito. As avenidas Brasil e Restinga (atual Santos Dumont), assim como os bairros Miramontes, Santa Cruz e Vila Monteiro estavam totalmente desprovidos desse melhoramento.

Até o início da década de 1920, as ruas de Franca permaneceram sem nenhum tipo de calçamento. Em dezembro de 1922, a Câmara Municipal aprovou o Plano de Melhoramentos do prefeito major Torquato Caleiro que estabelecia, entre outras coisas, um imposto anual sobre as propriedades do centro a serem atendidas pelo calçamento e a maneira pela qual seria cobrado esse serviço quando de sua execução (*Tribuna da Franca*, 14.0.1923, p.1).

O calçamento das ruas de Franca foi iniciado em 1923. Nesse ano, o empreiteiro ganhador da concorrência pública aberta pela prefeitura, Giacomo de Giacomo, iniciou a colocação de paralelepípedos na área compreendida entre as ruas General Osório, Saldanha Marinho, Comércio da Franca e Major Claudiano, região do centro que abrigava o núcleo comercial da cidade, a maioria das indústrias locais e as residências da classe dominante francana.

Em 1929, a Câmara Municipal aprovou uma lei autorizando a prefeitura a cobrar dos proprietários de prédios localizados nas áreas a serem beneficiadas pelo calçamento os custos do serviço. O artigo III da lei estabelecia o seguinte:

> Cada proprietario fica sujeito ao pagamento, pelo custo real do serviço, feito, cabendo a cada um a metade da importancia desse serviço, proporcionalmente à metragem linear da frente de seus predios e terrenos. (*Tribuna da Franca*, 27.10.1929, p.2)

No início dos anos 30, o calçamento das ruas da cidade passou a constituir uma das prioridades dos administradores municipais, uma vez que, no que diz respeito a esse melhoramento, Franca encontrava-se atrasada em relação às outras cidades. Em entrevista concedida ao *Tribuna da Franca* em 16 de julho de 1933 (p.1), o prefeito Antônio Barbosa Filho declarou o seguinte:

128 FRANSÉRGIO FOLLIS

não posso comprehender administração publica parada, apathica e indifferente mesmo. A Prefeitura está impenhadissima em propor um plano geral e único para amortização da Divida Consolidade do Municipio, de tal modo que a execução dos serviços Publicos como calçamento, de uma AREA DUPLA DA EXISTENTE, augmento da rede de exgotos e augmento de reservatorios para abastecimento de agua, não sejam interrompidos.

...

a Prefeitura continuará a fazer o pagamento sem que haja abandono dos serviços inadiaveis como o calçamento. V. não observou que cidades com a renda muito inferior a nossa, tem quasi a totalidade de suas ruas calçadas? Pois bem, a Franca ainda conta a seu favor com a boa vontade da população. Diversos casos tem apparecido nesta Prefeitura em que moradores de diversas ruas têm proposto quantias vultuosas para que a Prefeitura execute o calçamento.

No primeiro semestre de 1933, foi construída uma ponte de cimento armado na Rua Dr. Jorge Tibiriçá (atual Voluntários da Franca) e calçaram-se as ruas da Praça Barão da Franca, a frente do grupo escolar (antiga Casa da Câmara e Cadeia) e os trechos mais centrais das ruas Marechal Deodoro e General Telles. Em 1934, teve início o serviço de calçamento com paralelepípedos da Rua Dr. Jorge Tibiriçá até a estação ferroviária e de toda a área ao redor da Praça da República (atual Sabino Loureiro). Essas obras foram concluídas apenas no final de 1936, quando então foi completado o calçamento da Rua Voluntários da Franca e da ponte sobre o Córrego dos Bagres até o Bairro da Estação.

Em meados dos anos 30, a área calçada de Franca ainda era considerada bastante pequena, fato que requeria uma rápida solução por parte do Poder Público local. Em 1936, para viabilizar a expansão do calçamento da cidade, a Câmara Municipal instituiu um tributo sobre calçamento mediante a regulamentação da aplicação da "taxa de melhoria", imposto estabelecido pela Constituição Federal para auxiliar os municípios na execução de serviços públicos. Com isso, o prefeito ficou autorizado a cobrar dos proprietários uma taxa de três mil réis por metro quadrado referente à metade da área da rua

MODERNIZAÇÃO URBANA NA *BELLE ÉPOQUE* PAULISTA 129

em frente a cada propriedade. Esse tributo seria arrecadado durante dez anos a contar da data de entrega do serviço e somente poderia ser aplicado nas obras de calçamento. Além disso, a lei autorizou o prefeito a contrair um empréstimo de trezentos contos de réis para empregar na execução de dez mil metros quadrados de calçamento por ano (*Comércio da Franca*, 20.9.1936, p.2).

Em 1940, segundo o *Comércio da Franca* (30.6.1940, p.8), a cidade contava com 45 mil metros quadrados calçados com paralelepípedos e cinco mil com asfalto. Esse calçamento abrangia apenas a área central da cidade e alguns trechos do Bairro da Estação.

A valorização do centro da cidade e a exclusão social das camadas mais pobres

A expansão indiscriminada do território urbano de Franca acabou dificultando a implementação dos melhoramentos infra-estruturais nos bairros populares mais distantes da região central da urbe. Em 1925, o jornal *O Alfinete* (7.6.1925) comentou essa situação, salientando o seguinte:

> Franca é uma cidade de perimetro muito extenso relativamente à população, vemos grandes terrenos na zona central sem nenhuma construção e entretanto, se cogita em edificar em localidades muito distantes. Vamos observar um pouco os inconvenientes: em primeiro lugar a classe pobre e trabalhadora é obrigada a residir muito longe e dahi a dificuldade de locomoção, em segundo lugar a dispeza enorme que acarreta a construção da rede de águas e esgotos do municipio o qual, muitas vezes é obrigado a suprimir essa rede nos lugares afastados a título de economia, em terceiro a disseminação da luz elétrica, e finalmente a impossibilidade de se calçar a área toda.

A distribuição irregular dos melhoramentos urbanos fez surgir uma cidade marcada pelo contraste entre um centro dotado de elementos tipicamente modernos e uma periferia desprovida de infra-estrutura básica. Em 1945, o *Comércio da Franca* (7.1.1945, p.1) publicou uma nota que ilustra bem essa situação:

130 FRANSÉRGIO FOLLIS

Nossas atenções estão sempre voltadas para o centro da cidade, para o ponto onde convergem nossos passos de citadinos por tradição e conveniência. Dando um balanço sincero no que vemos pelos bairros, é desolador o resultado que nele transparece. Nem calçadas, nem pavimentação, nem água, nem esgotos, a maioria das vezes. Faltam escolas, faltam praças ajardinadas, falta luz, falta tudo. Se voltarmos para os distritos do município a desolação aumenta de intensidade, pois por nossa culpa, sem dúvida, esses núcleos não se desenvolveram, nem culturalmente, nem economicamente, nem socialmente. Jazem num esquecimento que não se justifica.

Ao contrário do que Glezer (1994) constatou na cidade de São Paulo em meados da década de 1910,[3] em Franca o centro não agregava apenas as repartições públicas, casas comerciais, bancos, jornais e escritórios, mas também muitas residências, tanto de ricos como de pobres. A esse respeito, Bentivoglio (1996, p.58) observou que a vinda dos fazendeiros para a cidade gerou "uma valorização dos lotes urbanos, particularmente os do Centro, que passaram a ser cobiçados, para lojas, casas de comércio, casas para alugar, além de casas para morar".

O centro de Franca foi demarcado pelo Poder Público, pela primeira vez, em 1899, época em que o crescimento da cidade já se fazia sentir. Tal região foi delimitada pelo retângulo formado pela Avenida Francana (atual Avenida Major Nicácio), Rua do Cemitério (atual Simão Caleiro), Rua Municipal (atual Couto de Magalhães) e Rua Padre Anchieta (ACM, 24.10.1899, p.109-109v). Em 1911 e 1926, essa área foi novamente demarcada pela Câmara Municipal.

A delimitação da área central da cidade evidenciou a preocupação dos administradores municipais em privilegiar o sítio inicial de

---

3 Segundo Glezer (1994, p.163-4), a região delimitada como a área central de São Paulo em 1914 era o "espaço que denominamos hoje de 'core urbano', local no qual estavam reunidas as repartições públicas, os consulados, os jornais, os bancos, o comércio importador e exportador, os consultórios dos profissionais liberais etc. ... Nele ocorria o máximo aproveitamento do solo, que valorizava a região, sem residências e com exclusivo uso comercial, e correspondia a um espaço definido de serviços e comércio".

MODERNIZAÇÃO URBANA NA *BELLE ÉPOQUE* PAULISTA   131

Franca como o local onde a modernização da cidade deveria ser implementada com mais rigor. Assim, a contento da classe dominante francana, os melhoramentos urbanos, como o calçamento de ruas, ajardinamento de praças, iluminação elétrica, água encanada e rede de esgotos, direcionaram-se mormente para o centro, área escolhida para representar uma Franca progressista e moderna, pois, conforme salienta Rolnik (1993, p.44), o "desenho do centro funciona como uma espécie de sinal do caráter da cidade, cartão de visitas, imagem que a cidade exibe para fora, mas sobretudo que o poder urbano exibe para a totalidade da cidade".

A instalação e a manutenção dos serviços urbanos pelos moradores eram bastante caras em Franca. Por várias vezes, encontramos a imprensa local fazendo referência aos preços abusivos da energia elétrica, água encanada, rede de esgotos e calçamento das ruas. Segundo o *Tribuna da Franca*, a população pagava um "preço exorbitante [por] uma luz ruim e, o que é mais grave, inconstante" (11.4.1907, p.1). O serviço de água de Franca era "bem mais caro do que o possuem os habitantes de todos os lugares do Estado" (14.4.1907, p.1). Em respostas às muitas reclamações efetuadas contra o alto preço da instalação da rede de esgotos nas casas, o *Tribuna da Franca* (22.8.1915, p.1) divulgou a seguinte nota:

> Tivemos occasião de ouvir mais de uma queixa sobre o preço reputado excessivo do custo das installações domiciliarias que segundo os calculos viria a importar em somma bastante consideravel que não póde ser paga sem sacrificio pela parte da população sujeita a esses onus.
>
> Já agora não é tempo mais de se discutir si esse preço é caro ou barato, porquanto está elle de antemão fixado em lei como é facil verificar-se.
>
> D'est'arte, com sacrificio ou sem elle, a installação é obrigatoria e o seu valor é onus real sobre o immovel.

Não obstante os melhoramentos urbanos serem desejados pela população como um todo, percebemos que o alto custo deles acabou inviabilizando a sua aquisição pelas camadas mais pobres, as quais, muitas vezes, rejeitavam os benefícios trazidos pela modernização.

132   FRANSÉRGIO FOLLIS

O desinteresse dos moradores pela água encanada e rede de esgotos ilustra essa situação. Em um pronunciamento a respeito da instalação domiciliária de rede de esgotos, o Poder Público municipal declarou que ela "tem tido andamento demorado, devido á relutancia de muitos proprietarios refractarios á comprehensão da necessidade desse apparelho sanitario" (*Tribuna da Franca*, 28.1.1917, p.2-3). Em 1909, o prefeito Martiniano Francisco de Andrade, comentando o serviço de abastecimento de água da Estação, bairro de maioria pobre, salientou o seguinte:

> No Bairro da Estação, até esta data, só foram requeridas e installadas 8 torneiras. É de admirar-se que, sendo aquelle bairro tão populoso, apenas 8 dos seus habitantes tenham vindo ao encontro dos esforços e sacrificios que a municipalidade fez para dotal-o com esse tão apreciavel e hygienico melhoramento. (*Tribuna da Franca*, 29.7.1909, p.2)

Em 1910, a municipalidade proibiu a utilização de cisternas na área central da urbe, tentando, assim, forçar os habitantes dessa região a fazer uso da água encanada que era cara. Em julho de 1914, a municipalidade decretou uma lei tornando obrigatória a instalação domiciliária de água e esgoto e proibindo a utilização de fossas na região beneficiada pela recém-construída rede de esgotos, ou seja, o centro. Assim, todas as casas dessa área, incluindo aquelas que ainda não haviam solicitado a ligação às redes de água e esgotos, começaram a ser cobradas pela prefeitura para o pagamento das taxas referentes ao fornecimento desses serviços (LRDR, 11.9.1939, não pag.).

De acordo com essa lei municipal, o prédio que não tivesse banheiro ladrilhado ou cimentado e cozinha dotada de pia e caixa sifonada para escoamento da água utilizada deveria ser multado na primeira averiguação e interditado em caso de reincidência. Os fiscais da Inspetoria da Higiene passaram então a intimar os proprietários de prédios a fazerem a ligação à rede de esgoto e as instalações sanitárias exigidas por lei. Em 1916, o proprietário de duas pequenas casas na Rua Misericórdia (atual Dr. Júlio Cardoso) foi intimado "para no prazo de 20 dias collocar na casinha do predio nº 76 uma pia de ferro esmaltado e fazer um tanque no quintal para lavagem de

MODERNIZAÇÃO URBANA NA *BELLE ÉPOQUE* PAULISTA 133

roupa e no predio n° 80, installar os aparelhos sanitarios de accordo com o Reg. Sanitario" (LRBRII – Livro de Registro de Baixas, Redução e Isenção de Impostos, 8.5.1916, não pag.). Em 1938, Justina Silveira, proprietária de uma casa na Rua General Osório, foi intimada "pela Delegacia de Hygiene da cidade a modificar a dependencia hygienica de seu predio [de privada de fossa para privada patente]" (LRDR, 9.3.1938, não pag.).

Conforme apontado, os moradores do centro eram obrigados a construir os telhados, os muros, as calçadas e os portões de acordo com as rígidas normas estabelecidas especialmente para esse local. O cumprimento das normas concernentes à higienização e à racionalização do espaço urbano era mais fiscalizado na área central. Em razão disso, a criação de animais domésticos – atividade indispensável para a subsistência alimentar dos moradores mais pobres – tornava-se muito mais difícil de ser realizada no centro do que nos outros bairros da urbe.

Além disso, o imposto de viação, cobrado por metro linear, era mais caro no centro do que nos demais bairros da cidade. Para a cobrança desse tributo, em 1911 a cidade foi dividida em duas regiões: "perímetro urbano" ou "central" – composto pelo atual centro e o trecho da Rua Dr. Jorge Tibiriçá até a estação ferroviária –, e o "perímetro suburbano" – formado pelo Bairro da Estação, Cidade Nova, Cubatão e Boa Vista (*Tribuna da Franca*, 12.12.1911, p.2). Nas ruas ensarjetadas do perímetro central a taxa era de quatrocentos réis por metro, chegando a seiscentos réis nas vias encascalhadas. No perímetro suburbano, esse imposto era de duzentos réis, nas ruas com sarjetas, e de cem réis, nas vias desprovidas desse melhoramento. Em 1926, a Câmara Municipal aprovou uma lei aumentando esse imposto e dividindo a cidade em quatro perímetros. O primeiro, formado pela área mais central da urbe; o segundo, pela região em volta desta; o terceiro, pelos bairros Estação e Cidade Nova; e o quarto, pelos bairros Coqueiros, Boa Vista e Santos Dumont. O valor da contribuição passou a ser de mil réis, oitocentos réis, seiscentos réis e trezentos réis, respectivamente (*Tribuna da Franca*, 31.10.1926, p.2-3).

Morar no centro significava, portanto, pagar impostos mais altos e um maior número de taxas referentes à instalação e manutenção dos serviços urbanos. O não-pagamento dos impostos municipais levava a prefeitura a fazer a cobrança judicialmente. Muitas vezes, a residência de proprietários sem recursos financeiros acabava sendo confiscada e leiloada pelo Poder Público. Em 1939, o *Comércio da Franca* (7.12.1939, p.4) publicou um artigo que evidencia a freqüência de tal prática em Franca:

> Refiro-me aos editaes em que se penhoram, a requerimento de nossa Prefeitura, casinholas de gente sem leira e nem beira, porque não pagou impostos.
>
> No caso ou casos que temos sob os olhos, parece-me que é levar-se ao maximo rigor a compreensão das normas legais que regem os tributos e sua satisfação.
>
> Imaginem: uma pobre senhora que durante alguns anos não pode pagar a pequena quantia de cento e cincoenta mil reis, morando num casebre de taipa é porque está muito pouco acima da miseria ...Tem quatro paredes onde esconde a sua penuria e o seu infortunio.
>
> Intimada a pagar os impostos de sete anos, sob pena de lhe sequestrarem o ultimo reduto da sua pobreza, não póde fazer. A casa de taipas que abrigava uma infeliz vai ser vendida em hasta publica. Provavelmente atingirá o *quantum* dos impostos, mais as custas.

Julgamos assim poder afirmar que as várias imposições e os tributos que afligiam notadamente os habitantes do centro de Franca atuaram, ao lado do encarecimento dos imóveis, como poderosa força segregadora, contribuindo, de forma inequívoca, para a exclusão social dos moradores mais pobres da cidade, uma vez que eles se viram impossibilitados de permanecer ou de se fixar na área central e usufruir plenamente dos melhoramentos urbanos modernos, concentrados, especialmente, nessa região da urbe.

MODERNIZAÇÃO URBANA NA *BELLE ÉPOQUE* PAULISTA 135

Figura 36 – Chafariz localizado na extremidade da Praça Nossa Senhora da Conceição, esquina da Rua Saldanha Marinho com a Rua Major Claudiano. Foto de 1918 (MHMF, foto 10, álbum 1).

Figura 37 – Companhia Paulista de Eletricidade em 1910, localizada no centro, esquina da Rua General Carneiro com Major Claudiano. Comprada pela prefeitura em 1910 e vendida à Companhia Francana de Eletricidade nesse mesmo ano (MHMF, foto 22, álbum 4).

Figura 38 – Provável instalação de rede de água encanada na Rua Dr. Jorge Tibiriçá (atual Voluntários da Franca), à altura do Largo da Estação, no início do século XX (MHMF, foto 44, álbum 4).

Considerações Finais

> Intervenções violentas das autoridades cons-
> tituídas no cotidiano dos habitantes da cidade,
> sob todas as alegações possíveis e imagináveis,
> são hoje um lugar-comum nos centros urbanos
> brasileiros. Mas absolutamente não foi sempre
> assim, e essa tradição foi algum dia inventada,
> ela também tem a sua história.
>
> *Sidney Chalhoub*

O que era ser cidade moderna na virada do século XIX para o século XX? Quais os parâmetros e as referências da modernização urbanística brasileira? Que características poderiam conferir o *status* de moderna, civilizada ou progressista a uma pequena e provinciana cidade do interior paulista nas primeiras décadas do século XX? Qual a origem do discurso modernizante tão freqüente na imprensa local e na fala dos detentores do poder público municipal dessa época?

A busca de respostas para tais questões nos levou a Paris, cidade que, após a reforma urbanística implementada pelo prefeito barão de Haussmann, em meados do século XIX, se tornou um modelo urbanístico para o mundo, inclusive para o Brasil. A análise da reforma urbanística de Paris nos possibilitou identificar os três elementos centrais que passaram a compor o ideal de cidade moderna, ou

138 FRANSÉRGIO FOLLIS

seja, a higienização, o embelezamento e a racionalização do espaço urbano. Assim, ser moderna e civilizada era ser salubre o suficiente para evitar o assombro de epidemias consumidoras de vidas, era possuir uma beleza que impressionasse em monumentalidade e requinte, era possuir uma malha urbana racionalmente prática para viabilizar a circulação rápida de homens e mercadorias.

No Brasil, a influência dos ideais modernizantes presentes na reforma de Haussmann em Paris se expressaria de maneira mais evidente na grande reforma urbanística implementada pelo governo federal, e dirigida pelo prefeito Pereira Passos no Rio de Janeiro, entre 1903 e 1906. Tal intervenção pretendia transformar a antiga paisagem colonial de uma cidade vista por sua elite como antiestética, insalubre, deficiente e de hábitos incultos. Após a reforma, o Rio de Pereira Passos transformou-se numa referência nacional, um modelo de cidade moderna para o Brasil.

O Rio de Janeiro, no entanto, não foi a única referência brasileira de cidade moderna. São Paulo, graças às várias intervenções implementadas a partir da década de 1870, também se tornou um exemplo, especialmente para as cidades cafeicultoras do Oeste Paulista.

Em direção ao nosso objetivo central, analisamos o processo de modernização urbanística vivenciado pela cidade de Franca entre os anos de 1890 e 1940 e as conseqüências sociais resultantes desse processo. Para isso, investigamos de que maneira os principais pressupostos ideológicos propagados pela haussmanização – higienização, embelezamento e racionalização – foram apropriados e utilizados pelo Poder Público municipal de forma a justificar as intervenções no tecido urbano da cidade e os resultados provenientes da ação desse Poder Público para as camadas mais pobres da população.

Entre a última década do século XIX e as quatro primeiras décadas do século XX, a cidade de Franca, apesar de não sofrer a intervenção de nenhum plano de remodelação urbanística e nem ser beneficiada por recursos provenientes do governo estadual ou federal – fatores que contribuíram para a modernização da maioria das capitais brasileiras –, também passou por transformações que, a exemplo da-

MODERNIZAÇÃO URBANA NA *BELLE ÉPOQUE* PAULISTA 139

quelas vivenciadas pelas grandes capitais, e guardadas as devidas proporções, assumiram características tipicamente modernas.

Tendo em vista que a metamorfose de uma cidade faz parte de um conjunto de discursos, legislações e práticas de uma determinada sociedade, e que esta não se submete a um modelo sem modificá-lo, a preocupação maior deste estudo foi detectar as diferenças e as peculiaridades assumidas pela modernização urbanística de Franca em relação às grandes cidades brasileiras.

Para viabilizar a modernização da cidade, os administradores municipais passaram a aumentar a arrecadação por meio da criação de novos impostos e a recorrer à colaboração dos membros da classe dominante francana, tanto no que diz respeito à tomada de empréstimos como no que se refere à participação do capital privado em obras consideradas de suma importância para a configuração de uma paisagem urbana moderna. A elite local pôde então fazer uso de seu poder de mando, como classe dominante da cidade, para aproveitar-se dos vários incentivos, na verdade privilégios, concedidos pelo Poder Público de acordo com os seus interesses de classe. Os privilégios concedidos pelo Poder Público para a edificação do Teatro Santa Maria e do Hotel Francano ilustram bem esse tipo de procedimento. Nesse sentido, pudemos constatar que o espaço urbano apareceu então como solução dupla: instrumento de aplicação do capital de uma oligarquia enriquecida com o café e com o comércio, e local de exercício da civilidade que tal grupo pretendia.

Além de legitimarem essas iniciativas, os ideais de higienização, embelezamento e racionalização também serviram para justificar a imposição de normas cada vez mais rígidas ao setor privado, especialmente no centro da cidade, área escolhida para representar uma Franca progressista e moderna. Entretanto, a municipalidade encontrou grandes dificuldades para coibir costumes já bastante arraigados entre a população citadina, como a criação de animais domésticos. O alto custo dos serviços urbanos dificultou a sua aquisição pela população mais pobre que, muitas vezes, acabou rejeitando os melhoramentos oferecidos pela modernização. A relutância dos morado-

140 FRANSÉRGIO FOLLIS

res em solicitar a ligação da energia elétrica, água encanada e rede de esgotos para suas casas atesta essa realidade.

Preocupada em manter o predomínio das atividades religiosas sobre as diversões laicas, a Igreja local também interferiu nos planos modernizadores do Poder Público municipal, embargando a obra no Largo da Matriz e impondo normas que restringiam a ação dos administradores francanos nessa área.

Em Franca, pudemos observar que a racionalização do espaço urbano não incluiu, como no caso do Rio de Janeiro e de São Paulo, a demolição de grande parte das construções existentes na velha área central para a abertura de largas ruas e avenidas. A falta de verbas suficientes para a realização de uma grande reforma e o fato de o centro estar ocupado sobretudo pelos moradores mais abastados e influentes da cidade inviabilizaram uma intervenção nesses moldes. Dessa forma, o desejo de dotar a cidade de um traçado urbano geométrico e racional somente se realizou mediante o planejamento de um novo bairro, que, não por acaso, foi denominado Cidade Nova. Constituído de quarteirões quadrados regulares, ruas e calçadas largas e atravessado por duas amplas avenidas, esse bairro evidencia o desejo do Poder Público local em estabelecer um espaço físico moderno em Franca. Planejadas com objetivos que ultrapassavam em muito as necessidades viárias da época, essas avenidas superdimensionadas assumiram valor altamente decorativo, visto que foram pensadas como símbolos de um pretenso progresso, e não como uma necessidade funcional presente ou potencial.

A contento da classe dominante francana, os administradores municipais investiram grande quantidade de dinheiro público na higienização e no embelezamento do centro da cidade. Enquanto isso, os outros bairros continuaram sofrendo com a falta ou a deficiência de infra-estrutura básica, como água encanada, rede de esgotos, coleta de lixo, iluminação elétrica e calçamento.

O direcionamento dos melhoramentos urbanos para o centro contribuiu, de forma inequívoca, para a transformação deste na região mais valorizada e, ao mesmo tempo, mais tributada e fiscalizada da urbe. Em razão disso, a área central tornou-se cada vez mais proibitiva às camadas populares. Empurrados para os bairros periféricos, os pobres ficaram impossibilitados de usufruir plenamente dos equipamentos urbanos modernos instalados no centro.

A reflexão que realizamos sobre a transformação do espaço urbano de Franca visa contribuir para a ampliação do conhecimento sobre o fenômeno da modernização urbanística no Brasil. Nesse sentido, os estudos sobre a modernização urbana das pequenas e médias cidades do interior brasileiro podem vir a ser de grande valor para a compreensão da nossa evolução urbana, das peculiaridades que marcam a realidade de cada localidade, das razões subjacentes de nossas paisagens citadinas e da estruturação social sobre a estrutura física de nossas cidades.

Por fim, julgamos que, ao vislumbrar as particularidades que marcam a história das nossas cidades, este estudo aponta para a conveniência de se levarem em conta as particularidades pertinentes a cada localidade e região quando se projetam políticas públicas de alcance nacional.

FONTES E BIBLIOGRAFIA

Fontes manuscritas

Museu Histórico Municipal de Franca "José Chiachiri" (MHMF)

Livro de Registros de Diversos Pareceres – Obras Públicas (LRDP) – 1887 a 1901 (Câmara Municipal);
Livros de Registros de Diversos Requerimentos (LRDR) – 893 a 1948 (Prefeitura Municipal e Intendência Municipal);
Livro de Registro de Baixas, Redução e Isenção de Impostos (LRBRII) – 1916 a 1917;
Atas da Câmara Municipal de Franca – 1889 a 1940.

Fontes impressas

Museu Histórico Municipal de Franca "José Chiachiri" (MHMF)

O Aviso da Franca. Franca-SP (1924-1938)
Tribuna da Franca. Franca-SP (1901-1940)
Comércio da Franca. Franca-SP (1915-1940)
A Tribuna. Franca-SP (1935)

FRANCO, M. (Org.) *Almanaque da Franca*. Franca, 1902.

PALMA, Vital. (Org.) *Almanaque da Franca*. Franca, 1912.

_____. *Almanaque da Franca*. Franca, 1913.

_____. *Almanaque da Franca*. Franca: 1914; Código Municipal de Franca, 1910 (ref. C-981).

Relatório sobre rede de esgotos apresentado à Câmara Municipal de Franca por José Maragliano em 1903.

Relatório sobre água e esgotos apresentado à Câmara Municipal de Franca pelo engenheiro Joaquim M. de Amorim Carrão em 1909.

Código de Obras do Município de Franca, Ato n. 44, de 1 de novembro de 1934.

Arquivo Histórico Municipal de Franca "Capitão Hipólito Antônio Pinheiro" (AHMF)

Cidade da Franca. Franca-SP (1905-1927)

Comércio da Franca. Franca-SP (1915-1940)

Gazeta da Franca. Franca-SP (1902-1903)

O Francano. Franca-SP (1890-1951)

Tribuna da Franca. Franca (1900-1934)

ENCICLOPÉDIA DOS MUNICÍPIOS BRASILEIROS, v.XXVIII, São Paulo, 1957.

NASCIMENTO, H., MOREIRA, E. (Org.) *Almanaque da Franca*. *Franca*, 1943.

Centro de Documentação e Memória da UNESP – Franca (CEDEM)

O Alfinete. Franca-SP (1925)

Bibliografia

BADARÓ, R. de S. C. *Campinas*: o despontar da modernidade. Campinas: Área de Publicação CMU/Unicamp, 1996.

BARBOSA, A. de S. *Política e modernização no interior paulista*: Franca: 1945/1964. Franca, 1998. Dissertação (Mestrado em História) – Faculdade de História, Universidade Estadual Paulista.

BENEVOLO, L. *As origens da urbanística moderna*. 2.ed. Lisboa: Editorial Presença Ltda., 1987.

BENTIVOGLIO, J. C. *Os dois corpos da cidade*: a constituição do espaço urbano de Franca no século XIX. Franca, 1997. Dissertação (Mestrado em História) – Faculdade de História, Universidade Estadual Paulista.

_____. *Trajetória urbana de Franca (1805-1995)*. Franca: Prefeitura Municipal, Fundação Municipal "Mário de Andrade", 1996.

BERMAN, M. *Tudo que é sólido desmancha no ar*: a aventura da modernidade. São Paulo: Brasiliense, 1990.

CARVALHO, M. A. R. de. *Quatro vezes cidade*. Rio de Janeiro: Sete Letras, 1994.

CHALHOUB, S. *Cidade febril*: cortiços e epidemias na corte imperial. São Paulo: Companhia das Letras, 1996.

COSTA, E. V. da. *Da Monarquia à República*: momentos decisivos. 6.ed. São Paulo: Brasiliense, 1994.

DI GIANNI, T. P. *Etnicidade e fortuna*: estratégias dos italianos de Boa Estrela radicados em Franca a partir da Grande Imigração. Franca, 1996. Dissertação (Mestrado em História) – Faculdade de História, Universidade Estadual Paulista.

DAOU, A. M. *A Belle Époque amazônica*. Rio de Janeiro: Jorge Zahar, 2000.

FERREIRA, M. *Franca: itinerário urbano*. São Paulo: Laboratório das Artes, 1983.

FOLLIS, F. *Estação*: o bairro-centro. Franca: Prefeitura Municipal, Fundação Municipal "Mário de Andrade", 1998.

FRANCO, A. A. de M. *Rodrigues Alves*: apogeu e declínio do presidencialismo. São Paulo: Edusp, 1973. v.I.

146 FRANSÉRGIO FOLLIS

GLEZER, R. São Paulo, cem anos de perímetro urbano. *Revista História (São Paulo)*, v.13, p.155-65, 1994.

HOBSBAWM, E. J. *A era do capital*. 5.ed. São Paulo: Paz e Terra, 1996.

HOLANDA, S. B. de. *Raízes do Brasil*. 26.ed. São Paulo: Companhia das Letras, 1995.

IANNI, O. *Uma cidade antiga*. Campinas: Editora da Unicamp, São Paulo: Museu Paulista da USP, 1988.

LIMA, C. C. *A construção da cidade*: a Câmara Municipal de Franca e a organização do espaço urbano. Franca, 1995. Dissertação (Mestrado em História) – Faculdade de História, Universidade Estadual Paulista.

LOVE, J. *A locomotiva*: São Paulo na Federação Brasileira 1889-1937. Rio de Janeiro: Paz e Terra, 1982.

MARTINS, A. L. A invenção e/ou eleição dos símbolos urbanos: história e memória da cidade paulista. In: BRESCIANI, S. *Imagens da cidade*: séculos XIX e XX. São Paulo: Anpuh, Marco Zero, Fapesp, 1993.

MORAES, J. G. V. de. *Cidade e cultura urbana na Primeira República*. São Paulo: Atual, 1994.

MORSE, R. M. *Formação histórica de São Paulo*. São Paulo: Difusão Européia do Livro, 1970

MUNFORD, L. *A cidade na história*. Belo Horizonte: Itatiaia, 1965. v.I.

NEEDELL, J. D. *Belle époque tropical: sociedade e cultura de elite no Rio de Janeiro na virada do século*. São Paulo: Companhia das Letras, 1993.

PECHMAN, S., FRITSCH, L. A reforma urbana e o seu avesso: algumas considerações a propósito da modernização do Distrito Federal na virada do século. *Revista Brasileira de História (São Paulo)*, v.5, n.8-9, 1985.

QÜEEN, P. *Usos e apropriações no espaço urbano*: o caso das praças de Franca. Franca, 1986. (Monografia apresentada à Faculdade de Arquitetura, UNESP, Câmpus de Franca, para a conclusão de curso em Arquitetura).

QUEIROZ, S. R. R. de. A vida colonial, a rua e a ordenação dos espaços. *Cadernos de História de São Paulo*, n.2, 1993.

MODERNIZAÇÃO URBANA NA *BELLE ÉPOQUE* PAULISTA   147

RAMOS, R. D. *Urbanismo e modernidade*: São Paulo na Primeira República. Franca, 1995. Dissertação (Mestrado em História) – Faculdade de História, Universidade Estadual Paulista.

REIS FILHO, N. G. *Contribuição ao estudo da evolução urbana no Brasil*. São Paulo: Pioneira, 1968

RIBEIRO, M. da C. M. Franca: contribuição ao estudo dos centros urbanos brasileiros. *Revista do Arquivo Público Municipal (São Paulo)*, v.77, p.137-56, jun.-jul. 1941.

ROLNIK, R. São Paulo na virada do século: territórios e poder. *Cadernos de História de São Paulo*, n.2, p.39-44, 1993.

ROMERO, J. L. *Latinoamérica: las ciudades y las ideas*. Cidade do México: Siglo Veintiuno, 1976.

SALGUEIRO, H. A. Revisando Haussmann: os limites da comparação: a cidade, a arquitetura e os espaços verdes (o caso de Belo Horizonte). *Revista USP*, n.26, p.195-205, jun.-ag. 1995.

SANTOS, W. dos. *O jardim do Largo da Alegria*. Franca: Arquivo Histórico Municipal de Franca, 1993. (Datilogr.).

SILVA, J. T. *São Paulo: 1554/1880*: discurso ideológico e organização espacial. São Paulo: Moderna, 1984.

SILVA, V. A. C. Regionalismo: o enfoque metodológico e a concepção histórica. In: SILVA, M. A. da. (Org.) *A República em migalhas*. São Paulo: Marco Zero, 1990.

SOUZA, S. F. de. *O discurso moderno e a construção da nova cidade*: a modernização urbana em Franca sob a trajetória do Dr. Santos Pereira (1880-1898). Franca, 1998. (Monografia apresentada à Faculdade de História, UNESP, Câmpus de Franca, para a conclusão de curso em História).

WEFFORT, F. C. *O populismo na política brasileira*. 3.ed. Rio de Janeiro: Paz e Terra, 1980.

ÍNDICE REMISSIVO

Abastecimento de água, 28, 31, 33-4,
39-40, 52, 71, 73, 100-2, 115-21,
124-5, 129-32, 136, 140
Andrade, André Martins de, intendente de Franca, 71
Andrade, Fernando Vilela de, intendente de Franca, 85

Bairros operários, 18-9, 21
Barbosa Filho, Antônio, prefeito de
Franca, 40, 120, 127
Belém, Brasil, 16
Belle Époque, 15, 30, 65, 83, 99
Berlim, Alemanha, 21, 23
Birmingham, Inglaterra, 23
Boçorocas em Franca, 48, 53-4
Bondes, 53
Bristol, Inglaterra, 23
Bruxelas, Bélgica, 24
Bulevares, 25-6, 83
Burguesia, 25

Cadeia Pública de Franca, 97-8,
106, 109, 117, 128
Café, cafeicultura, 18, 28, 31-3, 36, 53

Calçamento de ruas, 21, 28, 33, 38,
40, 91-2, 96, 127-8, 131, 140
Caldas, Antônio Pereira, engenheiro
civil, 116
Caleiro, Torquato, vereador e prefeito
de Franca, 38, 41, 72, 100-1, 127
Campinas, Brasil, 66
Carnaval, 30
Carrão, Joaquim Mariano de Amo-
rim, engenheiro civil e intendente
de Franca, 97, 118
Chauviére, J. E., arquiteto francês,
88-9
Cidades da América espanhola,
47-8, 88
Cidade barroca, 47-8, 58, 83
Cidade colonial brasileira, 28, 30,
37-8, 47, 138
Cisternas, 71, 73, 116, 132
Classe dominante francana (*ver tam-
bém* Elite francana), 34, 39, 51, 77,
95, 99-100, 123, 127, 131, 139-40
Classe operária, 18, 22, 90, 95
Classe trabalhadora, 26
Classes perigosas, 24, 26, 65

150 FRANSÉRGIO FOLLIS

Código de Posturas, 17, 48, 52-3, 55, 57-8, 68, 70, 80, 91
Cólera, 22, 64
Companhia Francana de Eletricidade, 107, 123-6, 135
Companhia Mogiana de Estradas de Ferro, 34, 37, 42, 53, 89, 100
Companhia Paulista de Eletricidade, 122-4, 135
Companhia Telefônica Brasileira, 124
Cortiços, 65
Criação de animais domésticos, 33, 78-80, 133, 139
Criação de porcos, 30, 73, 78-80
Cruz, Oswaldo, 29, 31, 64
Curitiba, Brasil, 16
Curtume, 75

Desapropriação, 51, 55-6
Diversões públicas, 28, 85, 99, 139

Elite brasileira, 29, 36
Elite carioca, 28, 65, 138
Elite francana (*ver também* Classe dominante francana), 17, 27, 36-7, 57, 77, 86, 90, 98-103, 139
Embelezamento; aformoseamento, 17, 19, 23, 25, 29, 31, 41, 83-113, 138-40
Empresas Elétricas Brasileiras, 125
Epidemias, 22-3, 26, 28, 38, 63-8, 120, 138
Escravos, 27, 29
Especulação imobiliária, 51
Estação de Tratamento de Esgotos, 119-20
Estação ferroviária, 34, 42, 53-4, 89, 119, 128, 133
Estados Unidos, 58
Exclusão social, 17, 66, 115, 129-34

Favelas, 65
Fazendeiros, 28, 33, 88, 130
Febre amarela, 29, 64, 66
Febre tifóide, 73
Finlay, Doutrina de, 64
Florença, Itália, 24
Fossas, 71, 73, 132

Gonçalves, José Maria Mendes, engenheiro, 119
Gripe espanhola, 67
Grupo Escolar de Franca, 67, 82, 97, 107, 121, 128
Gusmão, Silveira, médico, 40, 112

Habitações populares, 26
Haussmanização, 41, 83, 138
Haussmann, barão Georges Eugène, prefeito de Paris, 16, 21, 24-7, 29-30, 49, 83, 115, 137
Higienização, 17, 19, 23, 25, 29, 41, 63-81, 83, 86, 93, 133, 138-40
Hotel Francano, 96, 101-3, 111, 126, 139

Iluminação pública, 29, 31, 33, 43, 88, 102, 121-6, 131, 140
Imigrantes, 29, 34
Impostos, 40, 71, 79, 85, 91, 94, 100-2, 133-4, 139
Indústria de calçados em Franca, 18, 34

Lazareto, hospital de variolosos de Franca, 75
Limpeza pública, 67-72
Liverpool, Inglaterra, 23
Londres, Inglaterra, 21, 23-4, 26
Lopes, Álvaro Abranches, intendente municipal de Franca, 118

MODERNIZAÇÃO URBANA NA *BELLE ÉPOQUE* PAULISTA   151

Malária, 64
Manaus, Brasil, 16
Manchester, Inglaterra, 22-3
Matadouro Municipal de Franca,
76-8, 98
Matos, João Teodoro Xavier de,
presidente da província de São
Paulo, 31
Mercado Municipal de Franca,
76-8, 82
Modernidade, 15, 23, 36, 81
Modernização urbana; moderniza-
ção urbanística, 16-9, 21, 26,
29-30, 36-8, 103, 137-8, 141
Monteiro, Zenon Fleury, prefeito de
Franca, 40

Napoleão, Luís, 25
Nova York, Estados Unidos, 26

Paranhos, Ernesto da Silva, enge-
nheiro, 57
Paris, França, 16, 21-6, 29-30, 49,
83, 137
Pereira, José Luiz dos Santos, médi-
co e intendente municipal de
Franca, 74, 77
Pereira Passos, engenheiro e prefeito
do Rio de Janeiro, 16, 29-30, 83,
138
Perímetro urbano de Franca, 49-52,
69, 71, 93, 133
Período colonial, 17, 27, 37, 47, 97
Peste bubônica, 29
População urbana de Franca, 33
Porto Alegre, Brasil, 16
Prado, Antônio, prefeito de São Pau-
lo, 31
Protestos populares em Franca, 41,
103, 126

Quiosques, 85, 91
Racionalização do espaço urbano,
17, 19, 25, 29, 31, 41, 47-61, 83,
93, 133, 138-9
Rede de esgotos, 26, 31, 34, 39, 70,
101-2, 115, 119-20, 129, 140
Revoltas populares, revolução social,
24-5
Ribas, Emílio, 31
Ribeirão Preto, Brasil, 38, 66, 73-4,
80, 100
Rio Claro, Brasil, 66
Rio de Janeiro, Brasil, 16-7, 28-31,
49, 64-5, 72, 83, 138, 140
Rodrigues Alves, presidente do Bra-
sil, 29-30

Sampaio, Bento Teixeira, prefeito de
Franca, 92, 119
Santos, Brasil, 66
São José da Bela Vista, Brasil, 39,
121
São Paulo, Brasil, 16-7, 31-2, 37, 49,
56, 65, 67, 99, 130, 138, 140
Sorocaba, Brasil, 66

Tarifas e taxas sobre serviços, 40,
55, 71, 80, 91, 101-2, 125, 128,
132, 134
Teatro Municipal de Franca (Teatro
Santa Clara), 39, 99, 110
Teoria da infecção (teoria dos mias-
mas), 63
Teoria do contágio, 63
Tifo, 22
Tuberculose, 22

Varicela, 66
Varíola, 29, 64, 66
Viena, Áustria, 21, 23-4

SOBRE O LIVRO

Formato: 14 x 21 cm
Mancha: 23,7 x 42,5 paicas
Tipologia: Horley Old Style 10,5/14
Papel: Offset 75 g/m² (miolo)
Cartão Supremo 250 g/m² (capa)
1ª edição: 2004

EQUIPE DE REALIZAÇÃO

Coordenação Geral
Sidnei Simonelli

Produção Gráfica
Anderson Nobara

Edição de Texto
Nelson Luís Barbosa (Assistente Editorial)
Carlos Villarruel (Preparação de Original)
Ada Santos Seles (Revisão)

Editoração Eletrônica
Lourdes Guacira da Silva Simonelli (Supervisão)
Luís Carlos Gomes (Diagramação)